주변인터뷰 1 친밀감

fORWARD

감정과 관계에 대한 기록을 시작하며

이현숙

2020년 독일로 가는 비행기 안, 집어 든 잡지에 실린 올해의 트렌드 기사에서 '느슨한 연대'라는 용어가 눈에 띄었다. '한 덩어리로 연결됨'을 의미하는 '연대'와 '헐거운'의 뜻을 내포한 '느슨한'의 조합은 앞으로 우리가 맺어야 하는 관계의 성질을 설명하고 있었다. 주로 끈끈한 관계를 맺어온 나에게 '어떻게 느슨하게 관계를 맺을 수 있는가?', '느슨함의 정도는 얼마인가?', '느슨한 관계에서 감정은 어떻게 만들어지고 작용할 것인가?' 하는 질문들은 화두가 되었다.

  그러다 우연히 MBC 예능프로그램 <나 혼자 산다>를 보는데 샤이니의 민호가 키에게 물 좀 떠달라는 장면이 나왔다. 키는 "미친 거 아니야? 무슨 물을 떠다 달라 그래."라고 이야기했고 패널로 나온 코드 쿤스트도 "에이, 친구 사이에 자기가 떠다 먹어야지."라고 동조했다. 친구 사이에 물을 떠주면 왜 안 되지? 이게 느슨함인가? 흥미로웠다.

  이후 친구들과의 만남에서, 가족들과 만나서도, 동료들과도, 수업 시간 학생들과도 저 장면을 가볍게 꺼냈다. 친한 것과 친밀한 것의 차이, 관계를 정의 내리는 기준, 모르는 사람부터 친밀한 사람까지의 바운더리, 감정과 행동의 양가성, 세대와 성별에 따른 차이, 가족과 동료의 친밀감은 어떻게 구분이 되는지, 관계는 어떻게 맺어야 하는지 수다와 토론이 이어졌다. 이 대화들이 프로젝트의 시작이었다.

감정의 진한 성질을 좀 더 구체적으로 풀어내고 싶었다. 문화 예술에 종사하는 다양한 사람들의 인터뷰가 수록된 앤디 워홀의 잡지 「인터뷰」와 매호 하나의 브랜드를 선정해서 깊이 있게 다루는 「매거진 B」를 모티브 삼아 인터뷰 형식으로 친밀감이라는 주제를 파고들어가 보기로 했다. 처음이니 도큐멘터 형식으로 기록하고 특정인이 아닌 우리 주변의 일반사람을 인터뷰해보기로 했다. 이렇게 평범한 사람들의 감정과 관계를 기록하는 '주변인터뷰' 시리즈가 기획되었다.

초고가 모일 때쯤 이 책에는 몇 가지 의미가 담겼다. 대부분 인터뷰어의 지인들이었던 인터뷰이들은 감사하게도 자신의 이야기를 거리낌 없이 들려주었다. 덕분에 원고에는 2023년 한국에 살고 있는 20대에서 50대까지의 다양한 사람들의 인터뷰가 담겼다. 그들의 이야기는 우리 주변 사람들에 대한 이해를 도왔고, '따뜻함'의 다양한 온도와 경계들을 기록하고 있었다. 친밀감은 모두가 다 아는 단어였지만 그 뜻을 명확히 하기는 어려웠다. 그럼에도 불구하고 학자들이 글에서 설명하던 선, 자기 개방성, 깊이, 폭이라는 요인과 개념들이 인터뷰에 참여한 일반인의 입을 통해 어떻게 확장되고 쌓이는지가 원고에 담겼다.

초고가 나오자 주변 사람들과 함께 읽고 의견을 나누었다. "사람들이 궁금해하는 건 '유명인의 모르는 애기'이지 않나요?", "'모르는 사람의 뻔한 이야기'

를 누가 읽겠어?", "흰죽 같은 원고가 나왔다."라는 피드백을 받았다. '흰죽 같은 음식도 필요해.'라고 마음을 다독였다. 그즈음 모 선생과 티타임을 나누며 프로젝트에 관해 이야기했다. 선생은 언젠가 '계속 먹어도 안 아픈 밥'을 파는 식당을 차리고 싶은데 그 식당이 책과 통하는 거 같다며 힘을 실어주었다.

ChatGPT 기사들이 쏟아지고 있는 2023년, 인공지능 시대에 이 책 속 인터뷰들은 가상이 아닌 현실, 뻔하지만 조작 없는 리얼한 우리 감정을 기록한다. 낚시에 관한 책은 낚시에 관심이 있는 사람이 읽고, 여행 안내서는 그 여행지에 관심이 있는 사람이 읽는 것처럼 우리의 기록은 인간과 관계, 감정에 관심 있는 누구라도 볼 수 있지 않을까 생각한다. 내 가족, 가족 같은 친구, 학생들, 교수님들, 대학 동기, 친구와 후배, 친구의 남편, 동료들이 어쩌다 모여 책까지 내게 되었다. 이들이 나를 부르는 호칭도, 나와의 거리감도 다르지만, 이 프로젝트를 통해 우리는 자주 밥을 먹었고, 가까워졌다. 모두에게 고마움을 전하고 싶다. 이번 책을 시작으로 앞으로도 주변인터뷰를 통해 다양한 관계와 감정을 다룰 예정이다.

이 책을 기획한 이현숙입니다. 반갑습니다.

2024년 1월 이현숙

주변인터뷰 1 친밀감

감정과 관계에 대한 기록을 시작하며

Interview

나
- 나와 친해지기 11
- '나를 위한 한 뼘'을 지켜내는 일 37
- '진짜 내 목소리'를 들려주는 것 59

너 (선 지키기 vs 선 넘기)
- 너니까 : 인터뷰에 응답하다 73
- 직선과 곡선 83
- 바운더리 97

관계를 쌓다
- 대화로 쌓다 115
- 4년째 연애 중 125
- 가장 가까운 원거리 부부 139

최소한 따뜻할 것
- 무미건조한 삶도 괜찮나요? 161
- 따뜻한 삶의 위로 171
- 친밀감에 대한 기록 183
- 우리에게 친밀감이 필요한 이유? 241

Observation
- 낯가리는 내향인의 관찰일지 260

부록
- 친밀감의 구성 278
- 친밀감의 의미 확장 281
- 친밀감의 국가별 정의 282

Interview
나

"아름다움을 전달하는 것이 주는 쾌감이 있어요. 무대에 서면 '내가 이렇게 노력을 해서, 이렇게 아름다움을 완성했어. 보여줄게. 아름다움이 느껴지니?' 이런 거요."

권덕은의 벨리댄스 공연 영상

나와 친해지기

내 몸을 바라보고 춤을 추면서 자유로워졌습니다.

인터뷰어/ 노미화
인터뷰이/ 권덕은
(초등교사, 50대)

자기소개를 간단히 해주시겠어요?

74년생이니 올해 오십이네요. 초등학교 교사이고 벨리댄스는 만 7년 정도 했어요. 작년에 벨리댄스 강사 자격증을 따고 협회 공연단에 들어갔어요. 공연단에서는 막내, 햇병아리입니다. 벨리댄스를 하기 전, 2년 정도 발레, 줌바 댄스, 나이트 댄스 등을 배웠는데 우연히 벨리댄스와 연이 닿아 여기까지 왔습니다.

나를 흔들어 깨움

벨리댄스가 흔한 취미는 아니라고 생각하는데 처음 접하게 된 계기가 궁금해요.

춤으로 처음 접하게 된 장르는 발레였어요. 고등학교 시절 체육 선생님이 발레를 전공한 분인데, 저를 총애했어요. 저는 내성적인 사람인데 무용 수업 시간에 얼마나 열심히 했으면 공연 티켓까지 챙겨주셨겠어요. 대학생이 되어서도 발레부를 기웃거리며 정기 공연을 관람했는데, 무대 위에서 몸집과 골격이 큰 사람이 발레를 하니까 내 눈에 안 예쁜 거예요. 그 순간 '아, 나는 발레를 할 수 없는 사람이구나!' 깨닫고는 마음을 접고 연극부에 들어갔어요. 그런데 계속 춤추고 싶다는 생각이 은연중에 있었나 봐요. 교사 발령을 받자마자 바로 발레를 배우기 시작했거든요. 춤을 좋아했어요. 그런데 결혼 후엔 내가 춤을 좋아한다는 사실을 전혀 인지하지 못하고 살았어요. 완전히 잊어버린 거죠.

아이를 낳고 키우면서 체중이 많이 불었어요. 늘 일에 치여 살고, 정서적으로도 우울하던 당시에 몸무게가 95kg까지 나갔는데, '몸을 쓰지 않으면 안 되겠다, 더 이상 내 몸을 망가뜨리면 안 되겠다.'라는 절박감이 들면서 다시 발레를 배우기 시작했어요. 그러다가 8년 전쯤 벨리댄스를 시작하게 되었는데, 춤마다 장점과 나름의 재미 요소가 있지만 처음 벨리댄스를 배우는 순간 몸에서 전율이 일어났어요. 동작이 본능을 건드린다는 느낌이 딱 드는 거예요. 그렇게 시작해서 지금까지 8년이 된 거죠.

본능을 건드린다는 느낌은 어떤 건가요?

일반적으로 춤을 배울 때 '이렇게, 이렇게 몸을 쓰면 되는구나!' 배운 대로, 머리가 이해한 대로 춤을 췄다면, 벨리댄스는 첫날부터 배운 동작 하나하나가 느낌이 확 오는 거예요. 그냥 동작 자체가 재밌어서, 정말 배워볼 만하겠다고 생각했죠. 처음 1년간은 일요일마다 1시간 반씩 배웠는데, 어느 순간부터 갈증이 나더라고요. 더 많이 배우고 싶고, 더 잘 추고 싶은 욕심이 나서 2년 차부터는 주중에 다른 센터에서 주 3회, 2시간씩 추가로 배웠어요. 그렇게 매주 7시간 반씩 배우게 되면서 지금까지 쭉 이어왔죠.

근데 대단하세요. 사실은 이건 취미 활동인 거잖아요. 취미 활동을 거의 전문가만큼의 실력을 갖추고 하는 건데 그러기 위해서 시간도 굉장히 많이 투자했을 것 같아요. 어떻게 이렇게까지 할 수 있죠? 그냥 재미있어서?

저도 그 부분에 대해서는 계속 '왜?'라는 의문이 들었어요. '왜 다른 춤과는 다르게 하면 할수록 더 재미있고, 더 빠져서 추고, 더 잘 추고 싶은 욕망이 살아나는 걸까?' 의구심이 들어서 조사해보니까 벨리댄스는 5천 년 전의 이집트에서 하늘에 다산을 기원하고 대지의 풍요를 기원할 때 올리던 '기원무(舞)'더라고요. 여사제, 그 사람들의 춤인 거죠. 춤 자체가 다산을 기원하니까 관련이 있는 가슴이나 골반을 많이 사용하고요. 동작 하나하나가 여성성의 본질에 닿아있는 거죠. 생활에 치여 나를 잊고 살다가, 이 춤을 만나면서 비로소 나를 돌아보게 된 거예요. 내재된 나의 여성성이 터져 나온 느낌? 댄스 율동의 요소들이 나의 본능을 건드리는 느낌? 사실 벨리댄스 베이직 동작들은 카타르시스를 느끼는 순간이라든가 태아가 잉태되고, 출산하는 과정을 표현한 모습이거든요.

나를 드러냄[1]

그런데 벨리댄스는 몸을 드러내야 하잖아요. 몸을 드러내는 것에 대한 거부감은 없었나요?

처음에는 당연히 몸을 드러낼 엄두가 나지 않았죠. 당시 몸무게가 95kg였으니 지금보다 배가 이렇게 두툼했어요. 그때만 해도 제가 입는 옷은 모두 짙은 색이었어요. 올블랙. 그만큼 내가 나를 보여주기 싫었던 것 같아요. 남들은 예뻐 보이려고 머리 스타일도 바꾸고, 화사한 색의 옷도 입으며 자기를 가꾸며 사는데, 저는 사는 게 너무 바빠서 거울도 제대로 보지 않고 살았거든요. 머리만 빗고 냄새나지 않을 정도로만 씻고 다니고. 그런데 벨리댄스를 배운 지 5년쯤 되니까 좀 자유로워졌어요.

춤 선에 대한 자신감이 생겨서일 수도 있고, 몸을 드러내야 벨리댄스 동작을 제대로 보여줄 수 있음을

---

[1] Charles H. Cooley는 거울 자아 이론(looking-glass self)을 통해 자신에 대한 느낌(self feelings)이 자아감(a sens of self)을 만들어 내는 원재료라고 설명했다. 그에 따르면 이러한 자아감은 개인의 정서, 감정, 행동을 조절하는 자아정체성을 형성한다. Cooley는 개인이 느끼는 정서와 감정이 관계에 영향을 미치며, 1차집단인 가족과 친구들과는 일상적인 생활만으로도 친밀감을 형성할 수 있다고 보았다. 자신에 대한 느낌, 자아감, 자아정체성은 가족과 친구 관계에서의 감정과 행동을 조율하는 출발점이 되어준다.

깨달아서 그럴 수도 있어요. 춤은 내가 추는 동시에 누군가에게 보여지는 거니까 최대한 아름답게 보여야 하잖아요. 예술 활동을 하고 싶은 욕망을 내 몸을 도구로 사용해서 보여주는 거니까요. '사람들이 어떻게 생각할까?'에 대한 부담감은 사라졌어요. 이젠 뚱뚱한 내 몸이 부끄럽지 않아요. 지금은 춤을 출 때 필요하다면 가감 없이 몸을 드러내요.

 춤을 추고 나서는 사람들의 몸이나 형태를 나도 모르게 관찰하게 돼요. 얼마 전 친정에 들렀다가 어릴 때부터 목욕했던 온천장에 갔는데, 목욕탕에 있는 사람들의 체형이 정말 다양하더라고요. 다양한 몸 중에 내 몸도 있고, 이런 몸의 형태로도 얼마든지 예술 활동을 할 수 있다는 생각이 다시 한번 들었어요. 내 몸을 객관화한다고 할까요? 거울을 보고 춤을 추면서 저는 끊임없이 내 몸을 관찰하잖아요. 그러면서 자연스럽게 내 몸 자체를 인정하는 거죠. 배를 드러내지 못했을 때는 사회적인 시선에 따라 '뚱뚱한 몸으로는 춤을 출 수 없어.'라는 생각이 강했지요. 관찰해보면 사람들 몸의 형태는 정말 다양해요. 키가 큰 사람, 작은 사람, 골반이 작은 사람, 튀어나온 사람, 가슴이 처진 사람, 허리가 긴 사람, 등이 굽은 사람…. 관찰하면서 '내 몸이 이 춤을 추는데 그렇게 나쁜 조건이 아니구나.'라는 생각이 들기 시작했고, 춤에서는 몸의 생김보다는 그 나름의 멋과 뉘앙스로 안무를 표현해내는 면이 더 중요한 게 아닐까? 라는 의문에 가까운 확신이 들면서 자기를 객관화하는 게 매우 중요하구나 생각했어요.

몸을 드러내서 춤추는 것에 대해 가족의 반응은 어땠나요?

남편이 저를 별종이라고 해요. 언젠가 남편한테 이런 행사가 있어서 이렇게 해서 춤을 췄다고 자랑스럽게 보여준 적이 있어요. 그런데 남편이 한숨을 푹 쉬더니 "너는 이런 데서 너의 정체성을 찾니?" 이렇게 화를 내는 거예요. 1년 동안 열심히 연습했고, 사람들에게 웃음을 주려고 한 건데 그런 반응을 보이더라고요. 그런데 연습의 시간이 쌓이잖아요. 시간이 쌓이면 인정하는 순간이 온다는 걸 알거든요. 작년에 벨리댄스 전국대회를 나갔는데 그때까지도 대회 나간다, 공연한다 그러면 좋아하지 않았어요. 그런데 코로나 때문에 대회 영상을 기록해 줄 사람이 없어서 할 수 없이 남편한테 시간 되면 와서 찍어줄 수 있는지 눈치보며 물었는데 웬일로 알겠대요. 영상을 찍어주고 가면서 하는 말이 그냥 작은 데서 공연하는 건 줄 알았대요. 전국대회다 보니 사람들이 엄청 많잖아요. 댄스에 관심 있는 사람들이 그렇게 많은 줄 처음 알았고, 대회 규모가 그렇게 큰 줄도 몰랐다는 거예요. 그 후 저를 대하는 태도가 완전히 바뀌었어요. 벨리댄스에 진심인 사람들이 많고, 대회장에서 치열하게 연습하고, 시험 치르는 걸 보고는 다른 세계가 있다는 걸 인정한 것 같아요. 지금은 공연하러 간다고 하면 잘 갔다 오라고 하죠.

도리어 아들은 엄마 나이가 오십인데, 이게 뭐냐고 아직도 그래요. 배를 드러내니 정숙하지 못한 춤이라고, 고상하고 정숙한 취미도 많은데 왜 하필이면 이런 걸 하냐고, 나이에 맞는 걸 좀 하라고 해요. 엄마의 삶이니까 이해는 하지만 예전처럼 고상하게 글 쓰고 식물 가꾸는 취미가 훨씬 낫지 않냐고 저를 설득하려고 하죠.

가까운 가족의 그런 반응이 섭섭하지는 않나요?

제가 가족들에게 원하는 건 지지와 인정인데, 시작할 때부터 태클을 많이 받았기 때문에 가족에 대한 인정 욕구를 많이 버린 편이에요. 제가 하는 활동에 대해서 인정받겠다는 생각을 버리자고 결심한 이후로 무심한 반응도 그대로 받아들이게 됐어요.

사람의 신체라는 것이 타인에게 미치는 영향도 크다고 생각해요. 누군가를 만났을 때 가장 처음 시각적으로 대면하는 것이 몸이거든요. 자기 신체를 많이 노출하는 춤을 췄을 때 어떤 감정을 갖게 되는지 궁금해요.

예전에는 옷을 칙칙하게 입었다고 그랬잖아요. 그런데 배를 드러낸 시점부턴 검은색에서 벗어나 다른 색을 찾아 입더라고요. 공연복도 처음에는 날씬해 보이는 것만 찾다가 어느 순간부터 가리지 않고 막 입어보는 거예요. 의상 색깔도 굉장히 다채롭게 변했고요. 오늘 인터뷰 자리에는 화사하게 입고 나왔지만, 평소엔 수수하게 입고 출근할 때조차 화장을 안 해요. 그런데 공연할 땐 안경도 벗고 인조 속눈썹도 붙이고 화려하게 분장도 하고, 민망한 배까지 노출되는 화려한 옷을 입고 춰요. 수수한 평소의 모습도 나고, 무대 위의 화려한 모습도 나인 거잖아요. 생활에 감춰져 있던 내 본 모습을 무대 위에서 만나는 거죠. 그 쾌감이 또 굉장해요.

저는 예술 작품을 감상만 하는 건 별로예요. 직접 활동을 하면서 알아가고 싶은 욕구가 커요. 그래서 연극단원도 해봤고, 글을 쓰고 책을 만들어 사람들한테 보여주기도 해봤고, 플루트 앙상블 단원이 되어 오케스트라 연주도 해보고, 작곡도 해서 노래도 불러봤거든요. 이 활동들이 모두 창조잖아요. 이 중에서 춤이 가장 짧은 순간에 직접적이고 강렬한 카타르시스를 느끼게 해줬어요.

글도 잘 쓰고 싶고, 음악도 잘하고 싶은 생각이 있었지만 춤이 내 삶에 들어오고 나서는 저한테 가장 잘 맞는 게 춤인 걸 알았어요. 춤은 아름다움을 극대화해서 보여줄 수 있는 종합 예술이잖아요. 음악도 들어가고, 의상도 들어가고, 움직임도 들어가고. 여러 가지 요소가 집합된 게 춤이죠. 이런 종합적인 형태의 예술을 최종적으로 내 몸으로 표현한다는 데서 만족도가 높은 것 같아요.

춤을 추다 보면 한 15초에서 30초? 가끔 나를 놓을 때가 있어요. 동작에 몰입돼서 '내가 뭐 했지?' 하는 순간을 지나면 이미 그다음 순서를 놓친 뒤인데 가끔 그런 몰입의 순간이 있어요. 춤과 일체 되는 순간이죠. 또 움직이는 나와 흐르는 음악이 일체 된다고 느끼는 순간도 있는데 그 순간 카타르시스가 느껴지는 거예요. 춤에 몰입해서 생활 속 내가 사라지는 순간, 무대 위에 올라서서 춤에 몰입하면 현실의 나는 사라지고 진짜 나를 드러내는 순간이 오는데 거기에 관객들의 호응까지 더해지면 '내가 인정받는구나.' 하는 가슴 벅참이 느껴져요. 아마 가수가 무대에 서려고 하는 이유와 똑같을 거예요. 연극배우가 아무리 늙어도 무대에 서고 싶어 하는 것처럼. 저는 이게 꿈이에요. 그러려고 강사 자격증도 딴 거니까요.

벨리댄스를 추는 것이 '내 몸을 통해서 나를 표현하는 거'라고 하셨는데 좀 더 구체적으로 듣고 싶어요.

춤은 대부분 음악과 함께 표현하잖아요. 춤으로 음

악을 표현하는 거라고 생각하시면 될 것 같아요. 음악의 격렬함이라든가 기쁨이라든가 순수한 감정을 몸으로 표현해요. 드럼에 맞춰서 추는 춤이 있는데 나중에 보여드릴게요. 두드린다는 행위 자체가 음악의 근원이잖아요.

그런데 벨리댄스도 근원적인 춤이란 말이에요. 지금의 나는 포장되어 있고 이 세상에 맞춰 가공된 부분들이 많아요. 그걸 다 벗어 던졌을 때 느껴지는 태초의 감정, 어쩌면 몸이 태초에 표현하고자 하는 동작을 벨리라는 춤이 잘 보여준다고 생각해요. 현대인은 모두 가공된 삶을 사는데 벨리댄스는 토속 신앙의 원시 형태를 계승한 춤이니까 원시적인 기초 동작이 근본적인 나를 찾게 해주는 거죠.

반면에 발레는 꾸며지는 동작이잖아요. 인간의 몸을 꼿꼿하게 세우고, 팔을 곧게 뻗어야 하는 게 인위적인 아름다움이지 자연스러운 건 아니라고 생각해요. 라인 댄스도 앞으로 갔다 뒤로 갔다 턴하는 기법들이 모인 예술이고, 글도, 다른 예술도 기교가 필요하지요. 물론 벨리댄스도 기교가 들어가지만 그 근원이 태초의 인간, 자연인으로 태어난 순간을 예술화한 형태라 인간이 가공한 것들을 벗어던진다는 느낌이 드는데, 저는 그 부분이 나를 표현하는 매개로써 아주 마음에 든다는 거죠.

나의 변화

벨리를 매개로 나를 표현하는 것이 나 스스로, 혹은 어떤 관계의 변화를 가져오기도 할 것 같은데요.

저는 스스로에 대해 자신감이 없는 사람이었어요. 남들은 잘한다고 하는데, 저는 자신을 깎아내리기 바쁜 사람이었어요. 지금도 그런 편인데, 이건 성향인 것 같아요. '나는 못난 사람', '정말 이렇게 살아도 될까?' 이런 생각만 하던 사람인데 지금은 '내 존재 자체가 괜찮은 사람'이라는 생각이 확고해졌어요. 그런 자신감을 불어넣어 준 게 춤이에요. 안무 순서를 보지 않고 머릿속으로 외워서 춤으로 구현해내는 기쁨이 있어요. 작품 하나를 연습해서 혼자 출 수 있을 때, 하나의 단락을 완성 짓는 거잖아요. 작품 하나 완성. 이걸 거듭하다 보니까 '나는 할 수 있네. 또 할 수 있네. 어머! 나 이번에도 해냈어. 할 수 있어. 이거 했어.' 짧게 짧게 성취감이 자주 쌓이잖아요. 노력만 하면 반드시 결과를 볼 수 있고, 무엇보다 그 성취감을 몸으로 직접적으로 느끼는 거지요. 글을 한 편 써서 느끼는 성취감이 50% 정도였다면 춤은 80% 정도 되는 것 같아요.

그런 성취감의 횟수가 쌓이면서 어느 순간이 되니까 나도 모르게 자존감이 확 높아져 있더라고요. 사람들은 벨리댄스를 시작했던 7년 전의 저와 지금의 제 모습이 굉장히 다르다고 해요. 자존감을 채우는 데 큰 역할을 한 게 춤, 벨리댄스에요. 내 머리를 써서 내면을 글로 표현한 행위도 저의 자존감을 많이 채워줬어요. 그런데 그 속도보다 몸으로 내가 직접 일궈내는 성취가 만족감이 더 높고, 훨씬 빠르게 다가오는 거 같아요. 글은 내 생각에서 나온 결과물이지만 어쨌든 나와 떨어져 있는 거잖아요. 그런데 춤은 몸을 직접적인 도구로 사용하면서 완성해 나가다 보니 자존감과 직결되고 만족도가 높아요. 하여튼 놀라웠어요. 지금도 이렇게 뚱뚱하긴 하지만 사람이 아주 시커멓게만 있다가 근본적인 내면이 달라진 거죠.

그런 자존감의 변화가 일상생활이나 관계에도 영향을 끼칠 것 같은데 스스로 느껴지나요?

네, 달라졌어요. 예전부터 저에게 다가오는 사람들이 많았는데, 내가 소화를 못 하니까 뒷걸음질을 많이 쳤죠. 나 스스로 관계를 유지할 자신이 없었으니까요. 친한 친구들의 격려나 칭찬도 100% 받아들이지 않고 약간 거리를 두었고요. 그런데 지금은 사람 만나는 것 자체에 대한 부담이 줄었어요. 친구들과의 관계에서도 뒷걸음질 치는 게 아니라 좀 당당해지는 것 같고. 친구들이 많이 변했다고 그래요. '스스로가 당당하게 서야 다른 사람과의 관계도 순탄하게 맺을 수 있는 거구나.

또한 교류도 대등하게 할 수 있는 거구나.'를 느끼죠.

불과 2년 전만 해도 친하지 않은 사람들이 만나자고 하면 "일 있어요." 하면서 거절했는데 지금은 썩 내키지 않아도 "나갈게요." 하는 거예요. 몸도 건강해졌지만 정서적으로도 건강해졌어요. 몸이 되게 중요한 것 같아요. 글을 쓰면서 정신적으로 치유가 많이 됐는데, 내 몸이 건강해지니까 생각이 바로 선다고 해야 하나. 정서적인 부분도 균형이 잡히고, 관계에서도 휘둘리지 않게 되었어요. 내가 자존감이 높아지니까 사람들을 대할 때 거리낌이 없어진 거예요. 그전에는 내가 약하고 못났다고 생각하니까 나보다 수준이 높아 보이는 사람은 거리를 두고 멀리했어요. 될 수 있으면 혼자만의 세계에 갇혀 지냈다고 하면, 지금은 어느 모임이든 구석에서 '나는 조용히 있을래.'가 아니고 내 역할을 당당하게 할 수 있는 사람, 누구든 당당하게 만날 수 있는 사람이 됐어요.

인터뷰 주제가 친밀감이다 보니 자연스럽게 관계에 포커스를 맞춰서 이야기를 듣게 되는데요. '내가 나'와 맺는 관계의 친밀함, '내가 타인'과 맺는 관계의 친밀함의 영역이 확실하게 구분되는 것 같아요.

제가 무대에서 춤으로 표현하면 타인인 관객들이 호응하잖아요. 그러면 이 관계에는 친밀감이 있다고 봐요. 타인의 호응, 무시 못 하죠. 내가 완성한 춤을 무대에서 보여주고 관객이 어떻게 반응하느냐에 따라 춤의 완성도가 확 올라가기도 하거든요. 관객과의 소통이란 건 대중과 예술인과의 친밀함이라고 생각하는데, 이게 나를 폭발시키는 면이 있어요. 그래서 무대에 자꾸 서려고 하는 것 같기도 해요.

그리고 내가 춤을 80% 정도 소화했다면 무대에서는 긴장하니까 '60%밖엔 보여주지 못하겠구나.' 하고 올라가는데, 90%까지 끌어올려 주는 게 관객이에요. 관객들이 주는 호응이 도파민 역할을 해요. 실수할까 봐 벌벌 떨면서도 붕~ 뜨는 느낌이 들곤 하거든요. 긴장 때문에 무대에서 틀리고 실수도 하지만 무대에서 느끼는 감정은 정말 엄청나요. 관객도 내 편이구나! 인정을 받는 거죠. 누구에게나 인정 욕구가 있잖아요. 남한테 잘해줘서 개인에게 받는 인정일 수도 있고, 단체에서 다수에게 받는 인정일 수도 있고, 예술을 표현하고 관객으로부터 받는 인정일 수도 있고요. 저는 사람마다 인정 욕구를 채워주는 대상에서 차이가 있다고 봐요. 저는 춤추는 날 봐주는 관객들에게 친밀감을 느껴요. 사람들이 콘서트장에서 가수에게 호응해 주는 건 '나는 너의 재능을 인정하고, 지지해 준다.'라는 거잖아요. 사람과 직접 대화를 주고받아야만 친밀감이 생기는 건 아니라고 생각해요. 연주나 공연을 보고 반응하는 관객의 호응 또한 친밀감이 아닐까요?

그리고 함께 군무를 맞추는 공연단 사람들과도 친밀감이 굉장히 높아지죠. 문학반에서 글을 쓰고 서로의 경험을 공유하면, 서로의 개인 상황을 시시콜콜 알지 못해도 무언의 깊은 친밀감을 느끼는 것처럼 공연단에서 직접 몸을 부딪치면서 작품을 만들고 함께 표현하다 보면 서로를 잘 몰라도 정서적인 친밀감은 되게 높아져요. 몸이 직접적이기 때문인 것 같아요.

나는 반칙왕

인터뷰를 시작할 때 본인을 교사라고 소개하셨는데, 교사이면서 춤꾼을 병행하는 것이 힘들진 않나요?

낮에는 교사로 일하고 저녁에는 춤추러 가요. 일주일에 다섯 번 두 시간씩 춤을 춰요. 배우 송강호가 밤만 되면 가면을 쓰고 레슬링을 하던 영화 '반칙왕'의 주인공과 같지요. '나는 반칙왕의 삶이다.' 직업이 교사다 보니 낮에는 생계를 위해 주어진 책임을 다하며 살고, 저녁에는 밤에 피는 장미처럼 나의 화려한 본능과 욕구를 예술로 승화해서 표현하는 그런 삶을 현재 살고 있다고 생각해요.

낮에는 교사로, 밤에는 춤꾼, 혹은 댄서로 이중의 삶을 살게 하는 힘은 어디서 오는 걸까요?

벨리댄스를 1년쯤 배웠을 무렵 몸무게가 95kg이니 맞는 댄스복도 없어서 선생님이 구해준 옷을 입고 송년회 무대에서 혼자 공연한 적이 있어요. 이렇게 뚱뚱한데다 고작 1년 배웠으니 얼마나 못 췄겠어요? 사람들에게 웃음을 주려고 한 거죠. 그런데 관람하던 지인이 옆 사람에게 무당이 푸닥거리하는 것 같다며 수군거렸다고 나중에 전해 들었어요. 그래서 '두고 봐라, 내년에는 내가 반드시 다른 모습을 보여주겠다.' 속으로 이를 갈았죠. 그리고 1년 후 그분께 정말 다른 춤을 보여줬어요. 사람들은 제가 재능이 많다고 하는데 사실은 남들보다 노력을 많이 해요. 남들은 몇 번 하다가 '이거 아닌데.' 싶어 그만두는 순간에도 저는 배기량은 높지 않지만, 조금 더 끌고 가는 힘은 있는 것 같아요. '연습은 힘이 세다.', '연습은 나를 배신하지 않는다.' 이게 제 삶의 모토에요. 내가 선택한 분야는 적어도 어느 수준까지는 끌고 가겠다. 목표한 것에 대해 포기하지 않는 마음과 연습의 힘을 믿는 것. 이 두 가지가 이중의 삶을 살게 만드는 것 같아요.

재능보다는 노력과 연습이 자신의 강점이라고 생각하세요?

나는 무대에서 떨지 않을 만큼 연습한 건데 사람들은 무대에서 하나도 안 떤다고 해요. 사실 떨릴 수 있는 위기의 상황을 계속 시뮬레이션하거든요. 사람들이 이렇게 있고, 무대 크기는 어느 정도 되고, 만약 공간이 좁을 때는 어떻게 하고, 머릿속에서 이렇게, 저렇게 여러 번 공연 상황을 그림으로 그리면서 위기상황에 대비해요. 공연장에서 무대가 어느 방향으로 설지 모르니 연습할 때도 동서남북 모든 방향으로 연습해요. 그러면 아무래도 실수를 덜 할 수밖에 없죠.

사람들은 긴장하면 웃지 못하잖아요. 그럴 때를 대비해 거울 보며 웃는 것도 계속 연습해요. 안무 연습만 하고 무대에 올라가면 춤을 오래 춘 공연단 언니들도 표정이 굳을 수밖에 없어요. 저는 거울 보고 웃는 것부터 연습해요. 연습을 통해서 만들어진 표정과 몸짓인 거죠. 눈이 나빠서 안경을 쓰는데, 안경을 쓰고 공연할 순 없잖아요? 안경을 벗으면 관객들의 반응도 보이지 않고, 초점이 안 맞아서 턴이나 동작에 대한 감각이 떨어져요. 그래서 공연 한 달 전부턴 안경을 벗고 초점이 맞지 않은 채로 연습해요. 최대한 완성도를 높이고 싶은 욕심이 있고, 관객에게 제 선에서의 최상의 아름다운 모습을 보여주고 싶은 욕구가 있으니까 미리 문제가 될 수 있는 상황을 모두 연습하는 거죠. 이렇게 노력하는 과정 자체가 아름다움이 아닐까 생각해요.

방금 아름다움이라는 표현을 하셨는데 앞에서도 춤을 내 몸의 아름다움을 극대화해서 보여줄 수 있는 종합 예술이라고 하셨어요. 삶에서 아름다움은 뭘까요?

얼마 전 학교에서 교사 연수를 하는데, 50개 정도의 가치 덕목 중에서 중요하게 생각하는 가치를 뽑아 보라고 하더라고요. 다들 공감, 협동 이런 걸 뽑는데, 저는 '아름다움'을 뽑았어요. 아름다움을 뽑은 사람은 저 뿐이더라고요. 저는 관계도 그렇고, 내가 하는 활동도 그렇고 모든 게 아름다우면 좋겠다는 생각으로 삽니다.

예쁜 걸 좋아하는 것 같아요. 아름다움을 전달하는 것이 주는 쾌감이 있어요. 무대에 서면 '내가 이렇게 노력을 해서, 이렇게 아름다움을 완성했어. 보여줄게. 아름다움이 느껴지니?' 이런 거요. 독창, 독주, 독무가 혼자의 노력으로 완성한 아름다움이라면 합창, 합주, 군무는 서로 다른 여럿이 만드는 아름다움이지요. 앙상블에 들어가서 협연을 해보면 처음엔 모두 잘 못하더라도 연습을 통해 서로 받쳐주면서 맞춰질 때 느끼는 쾌감이 있어요. 악기들의 음이나 리듬이 계속 서로 어긋나다가 화음과 리듬이 맞는 순간 카타르시스가 느껴지고, 그 순간 아름다움이 전달되는 것 같아요. 서로 다른 악기들이 소리를 맞추는 과정 자체도 사실 아름다운 거죠. 춤은 아름다운 행위잖아요. 내 몸으로 표현할 수 있는 아름다움의 끝은 어디일까? 그 한계에 도전하는 거죠. 몸집은 이래도 거울을 보면서 끊임없이 최선의 아름다움을 찾아가는 거잖아요. 그렇게 몸짓으로 나이와 체형이라는 내 몸의 한계를 뛰어넘는 것도 아름다움이라고 생각해요. 다 떠나서 춤이라는 행위 자체가 예쁘잖아요.

사람들과의 관계에서 아름다움을 유지하려는 노력은 어떤 식으로 하세요?

항상 아름답게 끝내야 한다. 사람과의 만남을 중요하게 생각하는 만큼 깊이 있게 만났다면 그 끝도 아름다워야 한다고 생각해요. 사람들과의 관계에서 본능적으로 표현을 조절하죠. 절제를 많이 해요. 사람마다 성향이 다 다르잖아요. 제멋대로 해도 절충이 되면 좋겠지만 사람들은 변하기도 하고, 만남은 끝나는 시기가 분명히 오니까요. 그럴 때 마무리를 잘하는 것. 헤어져도 다시 만났을 때, 서로 기분 좋게 바라보기 위해서 마무리도 아름답게 해야 한다고 생각해요.

정말 마음에 드는 사람들과 관계를 오래 유지하려면 노력을 해야 하잖아요. 저는 타고난 성질이 그렇게 좋지 못하고 감정이 울그락 불그락 왔다 갔다 하는 사람이라 조절을 하는 거죠. 노력이 들어가는 거예요. 관계에서의 노력, 받아들이려고 하는 노력. 어느 수준까지는 내가 양보하고 받아들이는 것 같아요. 희생하고 맞춰주면서 노력을 하는 거죠. 그리고 한 발짝 물러나서 약간 관조하면서 관계를 조절하는 거죠. 제가 하고 싶은 것이 있어도 관계를 위해 거리를 두고 참는 거예요. 어떻게 보면 나는 이렇게 고치고 싶고, 이렇게 하고 싶은데 그걸 안 하는 거잖아요. 그 사람한테 맞춰주면 나는 참게 되는 거니까 그게 노력이겠죠. 사람이 욕심이 나면 제가 조절을 하고. 욕심나지 않는 사람이나 모임은 아예 다가가지 않죠. 저는 깊이를 중요하게 생각하는데, 더분더분(대강대강) 만나고 돕는 건 사실 인류애잖아요. 말 그대로 인류애. 깊이 있는 관계는 그 사람을 온전히 알아가고, 더 깊이 알려고 노력하는 것, 많이 알면 알수록 그 사람에게 나를 맞추게 되는, 그래서 아름다운 관계를 위한 나의 노력도 커지는 거라고 생각해요.

그리고 상황을 받아들이는 힘은 제가 남들보다 강한 것 같아요. 어떤 상황이나 어떤 사람이 나랑 정말 맞지 않더라도 그 상황이나 조건을 그냥 내 걸로 받아들이려고 노력하고 품어줘야 한다는 생각이 행동 기반에 있어요. 세상에 싸워서 해결할 수 있는 문제는 사실 그렇게 많지 않다고 생각해요. 물론 불합리함을 고치고 싶어하는 의지는 있어요. 그런데 제가 불합리함에 대해 애기했을 때, 다들 싸우려 든다고 생각하지는 않더라고요. 저는 그런 상황에서도 서로 감정이 상하지 않는 선에서 해결하려고 해요. 조절하고 중재하고, 최대한 상대의 감정이 상하지 않게요. 타고난 성향이 그런 것 같아요.

자기 모습이 다른 사람들에게 어떻게 보였으면 하세요?

저는 예쁜 집에서 자식 잘 키우고 남편이랑 하하 호호. 이것만으로는 삶이 충족되지 않으니까 자꾸 예술 행위를 찾아서 표현하려 하는 것 같아요. 자아실현 의지가 강한 거겠죠? 내가 친하다고 생각하는 사람들한테 더 발전된 내 모습을 보여주고 싶어서 춤추는 영상을 보내줘요. 그 영상을 봐주는 친구들은 그러려니 하겠죠. 그런데 저는 '이것보다 더 잘할 거야. 두고 봐.' 이런 마음이 있어요. 그냥 보내는 게 아니거든요. 분명한 변화가 있을 때 보여주고, 더 나아진 아름다움을 친구들이 알아봐 주기를 바라는 욕구가 있어요.

힘들었던 순간에 춤을 통해서 자신을 표현하는 방법을 찾으셨는데요. 이야기를 듣다 보니까 어려운 순간을 이겨내기 위해 나에 대한 관심이 중요하다는 생각이 들어요.

인생도 리듬이 있지요. 굴곡이 있더라도 그 순간순간 리듬을 타면서 사는 게 아름다움이라고 생각해요. 그 당시에는 힘든 순간이라 인생이 아름답다고 생각하지 않을 수 있겠지만, 힘든 상황이라도 스스로 현재의 만족감을 최선으로 끌어낼 수 있다면 그것도 아름다움이라고 생각해요. 저는 춤이든 뭐든 할 거리에 대해 계속 말로 내뱉어 놔요. 내가 실천하기 위해서요. 내가 하는 걸 남들이 알고 있으면 사람들 시선이 무서워서라도 하잖아요. 입으로 뱉어 놓은 말이 저를 목표까지 끌고 가더라고요. 저는 돈벌이만으로는 만족이 안 되는 사람이에요. '사람은 빵만으로 살 수 없다.' 저 같은 사람에게 꼭 맞는 말이죠. 지금의 한계를 뛰어넘고 싶은 욕구가 끝이 없는 것 같아요.

제가 벨리댄스 전도사거든요. 그래서 공연 요청 들어오면 다 하는 편이에요. 공연을 한다는 게 사실 쉬운 건 아니거든요. 공연할 춤을 다 외워야 하고, 연습도 많이 해야 하고, 의상 작업도 해야 하죠. 공이 많이 들어가는 데도 해주는 이유가 전도하는 거예요. 전도. '내가 이렇게 변했잖아? 너도 이렇게 변할 수 있어.' 자존감을 높여주고 악순환이 계속되던 삶이 선순환되었으니까요. 글 쓰면서 조금씩 나아지다가 춤을 추면서 삶이 완전히 선순환 구조로 돌아섰어요. 이젠 누구에게도 위축되지 않아요. 벨리댄스를 하다 보니까 전에는 내 몸인데도 내 마음대로 움직일 수 없었는데 내 골반을 내 마음대로 돌리고 꺾을 줄 아는 것이, 내 몸을 내 마음대로 아름답게 만들 수 있다는 것이 주는 만족감이 되게 커요. 잘 안 되는 기술을 하나하나 해보고 춤 동작을 익혀가는 재미가 굉장해요. 저는 수업을 많이 들으니까 한 달에 외워야 하는 작품이 다섯 개씩 되는데, 어떻게 해서든 다 외우면 엄청난 만족감이 들거든요. 짧은 시간에 하나씩 완성해보는 경험은 되게 중요한 것 같아요. 사람들이 나처럼 '자기 몸과 그 몸의 움직임과 또 내 몸이 낼 수 있는 아름다움에 관심을 가지면 좋겠다.'라는 생각을 해요. 그래서 벨리댄스 전도사가 되었습니다.

인터뷰의 끝에서

마지막으로 인터뷰 소감은 어떠셨어요?

보통 '친밀하다'라는 건 타인과의 관계성을 말하잖아요? 제겐 관계보다 더 중요한 게 나와의 대화거든요. 남들은 다른 사람을 만나서 대화하며 시간을 즐기지만 저는 나와의 대화가 더 중요하니까 그 시간에 춤을 추는 거예요. 춤을 추면서 내 정서와 맞닿아 있는 것을 찾고, 스스로 질문하고 답을 찾고, 그 과정에서 즐거움을 느끼는 것 같아요. 제가 요즘 명리 공부를 하는데, 제 사주 명식을 보면 식상이 많아요. 나를 드러내고 표현하고 내세우고 포장하는 글자가 많은 건데, 전에는 그걸 어떻게 써야 할지 모른 채 살았어요. 그래서 예술 활동을 하면서 필요 없는 죄책감도 많이 느꼈어요. 벨리댄스는 내 몸을 건강하게 하고 만족감을 주면서도 예술적으로 승화시켜서 타인에게 보여줄 수도 있어요. 예술 활동 그 자체로 연결이 돼서 제가 좋아하는 것 같아요. 많은 예술 활동을 해봤지만, 춤은 내가 직접 몸을 이용해서 표현하기 때문에 만족감이 큰 것 같아요. 저는 안무가가 되는 게 꿈이에요. 내 감정을 표현할 수 있는 음악을 고르고 내가 만든 안무로 내 생각과 감정을 선보이는 게 꿈이에요. 그 단계는 아직 멀었지만요.

나와의 친밀감에 관해서 이야기하라고 하면 사람들은 어려워할지도 모르겠어요. 그래도 저는 글쓰기와 춤으로 나와 친해진 과정을 여러 번 정리해봤던 터라 말하기가 쉽지 않았나 싶고요. 인터뷰가 아주 재미있었어요. 어쨌든 내가 노력해 온 과정을, 그 노력을 궁금해하고 알아보는 사람이 여기 있는 거잖아요. 또 이런 생각도 들어요. 내가 글을 안 쓰고 춤만 췄다면 이만큼 춤을 통해 각성하거나 삶을 선순환 구조로 빠르게 바꾸지는 못했을 것 같아요. 글을 쓰고 내면을 돌아본 상태에서, 내가 나를 이해한 상태에서 몸을 쓰고 춤을 추니까 가속도가 붙었던 것 같아요.

이런 이야기를 어디 가서 떠들겠어요? 춤꾼은 그냥 춤으로 보여주는 거지. 이렇게 대담으로 깊이 있게 이야기를 나눌 기회는 없었던 것 같아요. 그런데 이런 기회가 저에게 왔잖아요? 신이 나서 떠들었네요. 즐거웠습니다.

'나를 위한 한 뼘'을 지켜내는 일

한 뼘짜리 작은 공간이라도 그곳에서 내가 나로서 설 수 있을 때 나를 지켜낼 수 있다고 생각해요.

인터뷰어/ 황지영
인터뷰이/ 이연지
(주부, 40대)

결혼한 지 10년이 넘었지만, 여전히 누구누구의 아내, 누구누구의 엄마보다는 본인 이름 세 글자로 불리기를 원하는 이연지에게 육아휴직과 코로나19는 '이연지'보다 '엄마'이기를 원했던 것 같다. 그런 상황에 지쳐갈 즈음, 처음 만난 사람들과 온라인에서 책을 읽고, 생각을 나누는 경험을 하면서 예전의 자신이 생각났다.

남편과는 결혼 후 몇 년은 많이 부딪혔고 누군가가 원하는 나로만 살아가는 것에 자신이 없었다. 그러다가 한 해, 한 해 살면서 어느 지점에 도달하자 멈춰진 것 같다. 어느새 남편 안에 그녀와 아이들의 자리는 커졌고, 그녀는 남편에게 정서적 위안처가 되어주었다. 서로가 좋아하는 것을 함께하는 소소한 일상에 행복을 느끼며 서로의 삶을 응원하는 마음이 한 겹, 한 겹 쌓여가면서 남편과의 친밀감도 두터워졌다.

「프레드릭」[2]이라는 그림책에서 들쥐들이 겨울을 대비해 양식을 모을 때 '프레드릭'은 춥고 어두운 겨울을 위해 '햇살'을 모으고, 온통 잿빛일 겨울을 위해 '색깔'을 모으고, 기나긴 겨울밤을 위해 '이야기'를 모은다. 겨울이 깊어진 어느 날 '프레드릭'이 들쥐들에게 자신이 모은 햇살과 색깔, 이야기를 나눠주며 따뜻한 겨울을 보내게 된다. 우리를 살아가게 하는 건 꼭 눈에 보이는 것만이 아

---

2 인터뷰이와 1차 인터뷰 후 우리는 바로 레오 리오니의 「프레드릭」을 읽었다. 그리고 프레드릭은 이 프로젝트의 노선이 되었다.

니며, 서로 다르더라도 각자가 지향하는 가치를 존중하며 함께 살아가는 것이 중요한 것 같다고 이연지는 말한다. 여전히 남편과 이연지는 '누구야' 혹은 '누구 엄마, 누구 아빠'가 아닌 서로의 이름을 부른다. 남편도, 그녀도, 아이들도 각자의 삶을 함께 살아간다. 어느 한쪽으로 치우침 없이 팽팽하게 손을 잡고 강강술래 하듯이.

이연지의 가족은 이번 토요일에도 도서관에 간다. 남편은 언제나처럼 그녀와 아이들을 위해 이 도서관에서 저 도서관으로, 2층에서 3층으로 오르락내리락할 테고, 저녁이 되면 그녀는 남편 곁에 앉아 남편이 좋아하는 TV프로그램을 함께 보고, 아이들이 잠든 밤이면 컴퓨터 앞에 앉아 그 시간만큼은 좋아하는 책에 집중하고 때로는 작가가 된 듯이 글도 써보는 온전한 '이연지'가 될 거다.

'친밀감'이라는 주제로 인터뷰 요청을 받고 어떤 생각이 들었나요?

뭐라고 딱 정의하기는 힘든데 '친밀감'이라는 것이 감정에서 나오는 거잖아요. 관계에서 느끼는 감정인데 난 요즘 어떤 것에서 '친밀감'을 느끼고 있나 생각해봤더니 생각을 공유하는 대상들에게서 느끼는 것 같았어요. 회사 다니면서 아이 둘을 키우고 좀 정신없이 살았어요. 첫아이가 초등학교에 입학하면서 육아휴직을 했는데 코로나19가 터졌고 팬데믹에 들어서게 되었어요. 아이는 초등학교에 입학했지만, 학교에 간 날은 며칠 안 되는 상황이 되었고요. 처음에는 정말 집 밖에 나가면 코로나에 걸리는 줄 알고 거의 다 배달시켜 먹고 집 안에서만 생활했어요. 그 생활이 1년, 2년 계속되면서 점점 지쳤던 것 같아요.

그러던 중에 독서 모임까지는 아니고 서평을 나누는 모임을 하게 되었는데 그 모임을 시작하면서 제 마음이 다스려졌던 것 같아요. 그걸 계기로 내가 뭘 하면 좋겠는지 생각하다가 그림책 모임도 하고 독서 모임도 시작했어요. 작가가 내놓은 창작물은 하나지만 사람들은 다 자기 삶에 비춰서 그 느낌과 생각을 나누거든요. 내가 느끼지 못했던 것을 다른 사람을 통해 들으면서 내 안에 갇혀서 생각하지 못했던 것들에 대해 '이럴 수도 있겠구나.', '이런 걸 배울 수도 있구나.' 하면서 생각의 폭을 넓혀온 것 같아요.

독서 모임은 어떤 식으로 진행하나요?

하나의 이야기를 읽고, 글이라고 하기에는 좀 부족하지만, 각자의 단상을 남기는 활동을 해요. 그런 활동에서 연대 의식이랄까, 뭔가를 공유한다는 것이 다른 색깔의 실이 모여서 다채로운 빛깔의 천이 되는 것처럼 생각이 모여지는 게 신기했고, 단조롭던 삶에서 그런 경험들이 머리를 때린다고 할까요? 그러면서 함께

하는 사람들과 깊은 감정을 느끼고 나눴던 것 같아요. 제가 사람을 만나면서 에너지를 얻는 스타일은 아닌데 온라인에서 만난 다양한 사람들과 여러 생각을 나누는 것에서 굉장히 깊은 친밀감을 느꼈던 것 같아요. 그래서 처음 '친밀감 프로젝트'에 대해 이야기 듣고 관련된 이야기를 하고 싶었던 것 같아요.

곁에 가깝게 있는, 예를 들어 가족들이나 친구와의 관계에서 느끼는 감정하고는 다른 걸까요?

함께 사는 가족도 물론 친밀한 관계지만, 그것과 다른 정서적인 교감이 필요했던 것 같아요. 육아휴직 상태이고, 코로나19 팬데믹을 거치면서 더 그렇게 된 것 같아요. 어쩔 수 없이 가족들이 집에 머무는 시간이 늘어나면서 복작대는 것이 행복하기도 했지만, 가족이 아닌 관계 속에서도 힘을 얻었던 것 같아요. 육아휴직 이전에는 평범한 직장인으로 살았는데 아무래도 회사는 수평적이기보다는 수직적인 구조잖아요. 그런 환경이 나를 많이 갇혀 있게 했는데 독서 모임에서는 나이가 많든 적든 수평적인 교류를 하다 보니 좀 따뜻하다고 느꼈어요.

팬데믹 상황에 가족을 지켜내야 한다는 부담감이 크셨을 것 같아요. 가족의 결속력을 다지기 위한 헌신이 아닌, 내 생각을 자유롭게 표현하고 공유하는 데서 느끼는 편안함을 독서 모임을 통해서 느끼신 것 같아요.

평온한 것을 깨뜨리면서 자유를 찾을 수도 있지만, 규칙 안에서도 내가 부릴 수 있는 나만의 자유를 찾을 수도 있다고 생각해요. 처음의 자유는 책임감과 의무가 더 강조된 거라면, 두 번째의 자유는 책임감이나 의무를 다하면서도 시간적으로나 공간적으로 최소한의 '나를 위한 한 뼘'을 지키는 자유에요. 오로지 나 자신을 위해 생각하고 이야기할 수 있는 자유요. 그 자유는 편안함이면서 뭔가 저의 갇혀 있는 생활을 해소해 주는 활력소가 되었던 것 같아요.

뭔가를 함께하고 생각을 공유하는 것을 굉장히 중요하게 생각하는 것 같아요.

회사 다닐 때 직원들과 일하는 시간 외에 같이 밥 먹고, 얘기하고, 차 마시고 정말 긴 시간을 함께 보내는데요. 그게 마음이 통하고 친밀해지는 것과는 또 다른 것 같거든요. 물리적인 것보다는 정신적인 유대감을 느껴야 하고 마음을 나눌 수 있고 표현할 수 있어야 친밀한 관계라고 생각하는데 그냥 친한 것과 친밀한 것은 다른 것 같아요. 많은 관계들을 맺으면서 살지만, 소통할 수 없는 관계에서는 마음을 나눌 수 없다고 생각해요. 친밀하지 않은 관계도 아주 많다고 생각하고요.

그렇다면 현재 삶에서 가장 친밀한 대상으로는 누가 있을까요?

가장 친밀한 존재는 아무래도 가족, 그중에서도 남편이 그런 존재인 것 같아요.

친밀한 대상으로 남편을 꼽은 특별한 계기가 있을까요? 가족이기 때문에 당연히 친밀하다고 할 수 있지만, 반드시 그런 건 아닌것 같아요.

남편은 희로애락을 함께 느끼는 존재라고 생각해요. 이전에는 남편을 생각하면서 이런 표현을 떠올리진 않았는데 요즘은 그런 생각을 많이 하게 되는 것 같아요. 아이들은 언젠가 독립해서 떠나겠지만 남편은 계속 함께할 존재잖아요.

딸이 둘인데 아이들을 어렵게 낳아서 첫 아이를 좀 과잉보호했던 것 같아요. 바로 옆에서 필요한 건 뭐든지 다 해주는 엄마였어요. 그런데 이제는 한 걸음 뒤에서 지켜보는 존재가 되어주려고 해요. 내가 좀 더 많이 내려놓고 뒤에서 바라봐줘야겠구나, 아이들이 가는 길의 돌을 내가 치워주는 게 아니라 아이들이 앞서서 가면 난 한 걸음 뒤에서 지켜볼 수 있는 그런 여유를 갖고 싶다는 생각을 해요. 하지만 남편은 다른 것 같아요. 인간은 다 독립된 개체이긴 하지만 서로 의지하면서 같이 돌봐줘야 할 존재라고 생각해요. 앞으로 함께 살아갈 날들에 대한 기대도 있고 책임감도 있고요.

처음에 말씀하셨던 독서 모임을 남편과 함께하기도 하나요?

 친밀하다고 해서 모든 것을 함께 할 수는 없는 것 같아요. 남편이 좋아하는 것과 제가 좋아하는 것이 다 같진 않아요. 예를 들어 저는 책을 좋아해요. 하지만 남편은 드라마나 영화를 좋아해요. 함께 좋아하는 건 함께해서 좋고, 각자 좋아하는 건 각자 즐겨서 좋고. 물론 함께해야 좋은 것도 있지만 친해져도 함께 할 수 없는 것들이 있는 것 같아요.

남편과 함께하진 않지만, 남편은 제가 하는 여러 활동과 그 활동에 할애하는 시간을 존중해줘요. 주말이면 루틴처럼 남편, 아이들과 함께 도서관에 가는데 독서 모임에 필요한 많은 책을 대출이며 반납이며 할 일이 많은데도 싫은 내색 없이 함께 해줘요. 엄마의 활동이 아이들에게 좋은 영향을 준다고 먼저 말해주기도 하고요. 그럴 때 '내가 인정받고, 존중받는구나.' 생각이 들어요.

독서 모임을 하면서 자아를 충족시키시는 것 같은데요. 보통은 친밀감 하면 사람과 사람 관계를 떠올리기 마련인데 말씀하시는 걸 들어보면 자아를 어떻게 충족시키느냐가 관계의 만족도에 영향을 주는 것 같아요. 주체가 나로 시작된다는 게 재미있는데 나를 어떻게 채워줄 때 관계가 발전하는지 궁금해요.

저도 인터뷰를 하면서 내가 자아를 되게 중요하게 생각하는 사람이구나 생각하게 되었는데요. 현실의 삶은 아이들의 픽업 등 가족을 돌보는 일로 잠자기 전까지 꽉 채워져 있어서 저도 모르게 저만의 시간과 활동에 집착하는 것 같아요.

친밀감에 대한 첫인상을 묻는 질문에는 독서 모임에 대한 이야기를 해주셨고, 친밀한 대상을 지목할 때는 남편을 얘기하셨어요. 그 차이는 뭘까요?

차이보다는 공통점이 있는 것 같아요. 내 생각을 강요하지 않고 상대방의 가치를 인정해 준다는 게 공통점인 것 같아요.

본인에게 강요받는다는 건 어떤 의미인가요?

전 갑갑함을 느끼는 것 같아요.

독서 모임이 육아휴직과 코로나19 팬데믹에 갇혀 있던 생활을 벗어날 수 있게 해 준 활력소가 되었다고 하셨는데 그 이전에는 어떻게 푸셨어요?

사실 제가 작년에 수술을 받았는데 생각해보니까 '내가 뭔가 해소할 곳이 없어서 아팠었나?' 라는 생각이 들기도 해요. 수술을 받고 나니 하루하루의 소중함을 더 느끼게 되었고 독서 모임이 나를 좀 더 생각하고 돌아보게 하는 기회를 준 것 같아요.

독서 모임 등의 활동이 남편과의 친밀감을 강하게 만드는 요인으로 작용하는 게 아닌가 싶기도 한데 어떠세요?

제가 '누구의 엄마', '누구의 아내' 이런 걸 되게 싫어하거든요. 남편하고도 서로 "누구 씨" 하고 이름을 불러요. 평상시에도 존댓말을 쓰려고 하고요. 온전한 나로 인정받는 시간이 필요하다고 생각해요. 어떤 대상과 좋은 관계를 유지하기 위해서는 독립된 나 자신을 알아가는 게 우선되어야 한다고 생각하고요. 모두가 한 사람으로서 독립된 공간과 시간이 필요하다고 생각해요. 제가 컴퓨터 앞에, 책상에 앉으면 남편이나 아이들도 절 건드리지 않거든요. "엄마 이제 뭐 해야 돼."라고 했을 때 남편이나 아이가 못하게 한다면, 되게 속상할 것 같은데 비록 내 방이 따로 있는 건 아니지만, 애들은 떠들고 남편은 TV를 보고 있더라도 거실 한쪽 한 뼘짜리 작은 공간에서 내가 하고 싶은 걸 할 수 있도록 방해하지 않을 때 내가 존중받는다고 느끼고 고마움을 느껴요. 남편과의 친밀감도 내가 나로서 설 수 있도록 그 사람이 지켜주고 이해해주고 공감해줘서 강해지는 것 같다는 생각이 들어요.

남편에 관한 이야기를 더 듣고 싶은데요. 남편과 시간을 보낼 때는 주로 어떤 걸 하세요?

남편은 TV 보는 걸 좋아해요. 남편이 TV를 볼 때면 제가 옆에 가거든요. 그럴 때 함께 나누는 대화 속에서도 친밀감을 느끼는 것 같아요. 단순하게는 같은 시대를 살아왔으니 공감하는 것들이 있는데 생각해보면 사소한 것들인 것 같아요. 보통 남편이 좋아하는 걸 함께 많이 보는 편이고요.

굳이 남편이 좋아하는 것을 함께 보는 이유가 있을까요?

그냥 남편하고 공감대를 형성할 수 있고, 내가 남편에게 해 줄 수 있는 거라고 생각하는 것 같아요. 사실 남편이 회사에서 위, 아래에서 오는 스트레스를 다 받아내야 하는 위치에 있고 일도 아주 많거든요. 그래서 주말에는 더 자고 싶고 쉬고 싶을 거라는 걸 알아요. 그런데 이제는 루틴처럼 주말이면 제가 하는 독서 모임이나 아이들이 볼 책을 빌리기 위해 도서관에 함께 가요. 그냥 책 몇 권 빌리는 게 아니라 도서관을 여러 곳 오가면서 제 보조자 역할을 해주거든요. 전 그게 되게 고맙더라고요. 그래서 내가 많은 것, 특별한 것을 해 주지는 못하더라도 그 사람의 정서적인 면을 위해서 좋아하는 걸 같이 봐주고 같이 하려고 해요. 제 입장에서는 그게 나름의 배려라고 생각하는 것 같아요.

남편은 별도의 여가 활동이 없나요?

남편은 TV를 보거나 공원 산책하는 정도에요. 남편이 온천을 좋아해서 같이 가자고 할 때가 있어요. 아이들은 싫다고 할 때도 있지만 남편이 뭔가 하자고 했을 때 되도록 하려고 하는 편이에요. 내가 많이 힘들지 않으면 같이 해주고 싶어요.

남편은 불만을 표현하는 편이 아닌가요?

결혼하고 초기에는 다툼도 많았어요. 그때는 서로 맞춰가려는 노력을 안 했었던 것 같아요. 이기적으로 보일 수도 있는데 저는 제 노력이나 헌신의 요구가 있을 때 나를 보호하기 위해서 마음을 닫아버리는 게 있어요.

자발적 의지가 무척 중요하다고 생각하는 것 같은데 "사랑한다면 이렇게 해." 같은 걸 받아들이지 못하는 건가요?

뭐가 계속 강요한다면 한 번 두 번은 할 수 있는데 계속해낼 자신은 없었던 것 같아요. 그런 생각을 하던 차에 어느 때엔가 그런 요구나 기대가 멈췄던 것 같아요. 처음엔 포기했다고 생각했는데 이제는 배려받은 거라고 느껴요.

어떤 지점에서 배려라고 느끼게 되었을까요?

아이들을 키우면서 조금 더 바뀐 것 같아요. 그전에는 남편이 친구들도 많이 만났거든요. 그래서 제가 소외감을 많이 느꼈던 것 같아요. 그리고 '내 가족이 먼저다, 내 가족이다.' 이런 느낌을 나보다는 원가족, 그러니까 시부모님을 더 가족이라고 생각하는 것 같았고, 제 입장에서 '내 의견은 별로 받아들여지지 않는다.'라고 생각했어요. 그런데 언제부터인가 '나와 아이들을 더 우선 한다.'라는 걸 저도 느끼게 되었어요.

아이가 생기면서부터인가요?

아니요. 첫째가 있었을 때도 아니었는데 언제부터인가 남편에게서 "우리 가족이 더 우선순위에 있구나!"를 느꼈던 것 같아요. 하루하루의 삶이 분절적일 수도 있지만 삶은 그 하루하루가 연속되면서 흘러가는 거잖아요. 어느 순간 갑자기 변한 건 아닌 것 같고요. 살다 보니 그렇게 된 것 같아요. 남편도 저도 처음보다 성숙하게 변하기도 했을 것 같고 서로와 환경에 익숙해진 것도 있지 않을까 싶어요.

남편도 그런 환경 변화를 느끼면서 변화했다고 봐야겠네요.

저는 남편이 정말 철이 안 들 줄 알았거든요. 결혼 안 한 친구들하고 주말에 놀러 가고 그러는 게 너무 힘들었는데 지금은 좀 달라졌죠. 요즘은 금요일 퇴근 후에 친구를 만나는 정도인 것 같아요. 남편 직장이 워낙 일이 많아 늦기도 해서 월요일부터 금요일까지는 제가 건드리지 않아요. 주말에도 힘들 거라는 건 알고 있는데 먼저 남편이 알아서 함께 해주는 게 남편 나름대로 노력하는 것 같아서 고마워요.

두 분이 맞춰가는 시간이 필요했던 것 같네요.

남편도 "그때는 내가 아무것도 몰랐었지." 하거든요. 결혼 초에 부딪히고 고민하게 했던 문제들이 지금 다 해결되고 사라진 건 아닐 수도 있다고 생각해요. 살면서 어떤 부분은 상대방의 주장을 이해하게도 되고 설득되기도 하고 나쁜 의미에서가 아니라 약간의 포기도 있지 않았을까요? 이건 남편과의 관계에서 뿐만이 아니라 사람과의 관계가 나아지기 위한 과정 같아요.

친밀한 관계

친밀함이라는 것은 본인 자신에게 어떤 의미인가요?

만약에 친밀감이 없다면 살아가는 게 너무 삭막할 것 같아요. 네덜란드 작가 '레오 리오니'가 쓴 「프레드릭」이라는 동화책이 있어요. 들쥐 가족이 겨울을 나기 위해 준비를 하는데 모두가 식량을 모을 때 프레드릭은 햇살, 색깔, 이야기를 모아요. 추운 겨울을 보내면서 식량이 줄어들고 춥고 우울하던 어느 날, 프레드릭은 자신이 모아둔 햇살과 색깔, 이야기를 가족에게 나누어 주고 가족이 행복을 느끼게 되는 내용이에요.

우리는 열심히 식량을 모은 사람만 추운 겨울을 따뜻하게 보낼 수 있다고 생각하는 데 각자의 역할이 있고 물리적인 것들이 충족된다고 다 행복하진 않잖아요.「개미와 베짱이」에서 베짱이가 정말 나쁜 걸까? 그런 생각을 하게 되었어요. 사는데 물질적인 것과 정신적인 것 모두 충족되어야 한다고 생각해요. 그래서 친밀함은 정신적인 것을 채우는 데 정말 중요하다고 생각해요.

남편과의 친밀한 관계가 삶에 어떤 영향을 미칠까요?

삶의 원동력이 되는 것 같아요. 자존감을 높여주고 재밌게 살아가는 원동력이 되는 것 같아요. 남편이 약간 보호해준다고 할까요? 바운더리가 되어주는 느낌이에요. 남편이 감싸고 있는 게 아니라 같이 이렇게 손잡고 원을 그리고 있는 느낌이요. 아이들도 함께 손을 잡고 있는데 누가 더 크고 더 작고가 아니라 강강술래 할 때 손잡고 있는 것처럼 함께 둘러서 손을 잡으면 팽팽한 원이 생기는 그림이 그려져요. 기댈 때는 기대고 지켜줄 수 있을 때는 지켜주면서 서로 의지하게 되는 것 같아요.

사실은 모든 것이 질적인 측면이나 양적인 측면 다 동일할 수 없고 공정하지 않다고 볼 수 있는데 참 인상적인 얘기네요. 앞서 얘기했던 「프레드릭」처럼 누구는 양식을 모으지만 누구는 이야기와 햇살, 색깔을 모으고 그런 것들을 힘들 때 나눠주는 것이 강강술래 손잡기와 일맥상통하는 걸로 봐도 될까요?

프레드릭에서 한쪽에서는 눈에 보이는 것을 저장하기 위해 노력할 때 한쪽에서는 눈에 보이지 않는 것을 저장하잖아요. 중요하다고 생각하는 가치가 다르지만 그걸 비난하지 않는 것이 포인트인 것 같아요. 눈에 보이지 않는 가치에 대해서도 존중해주고 만족해 가는 과정이 남편분과의 관계랑 잘 맞아떨어지는 것 같아요.

살면서 필요한 것들을 만들어갈 때 제가 일을 벌이면 남편이 수습을 하는 편인데요. 제가 좀 길게 보고 '전체적으로 우리 가족에게 도움이 되겠다.' 생각하고 하는 일이 정말 도움이 되고 그 결과가 나쁘지 않다는 것을 이제 살아가면서 느끼는 것 같아요. '우리 가족에게 집이 필요해.', '우리 좀 더 넓은 집으로 옮겨야겠어.' 생각하면 전 바로 추진하는 편이에요. 제가 혼자 그런 결정을 하는 것들에 처음에는 남편이 상처를 받기도 했는데 나중에는 "그때 연지 씨 말대로 한 게 잘했던 일 같아."라고 말해주기도 하고 이제는 남편이 제가 하는 행동들에 대해서 당시에 이해할 수 없더라도 '그래도 뭔가 있어.' 라는 믿음을 갖는 것 같아요.

두 분이 서로 다른 가치를 추구하면서도 서로 믿고 따라주는 것 같아요. 그럼 반대로 연지 씨가 삶의 원동력을 유지하기 위해 노력하시는 게 있을까요?

남편은 회사에서 힘들었을 테고 아이들도 요즘 많이 힘들잖아요. 그래서 집에 돌아오면 "고생 많았지?", "애썼다", "힘들었지?" 그냥 이렇게 공감해주려고 해요. 저는 사람 마음을 알아줄 때 그것만으로도 힐링이 된다고 생각해서 그런 표현을 많이 하려고 해요. 제가 육아휴직 중이라 어떤 면에서는 남편 혼자 가족들을 부양하는 셈인데 그 자체가 부담스러울 수 있다고 생각해요. 당연하게 생각할 수도 있지만 그게 당연한 게 아닐 수 있거든요. 그래서 고마움을 많이 표현하려고 해요. 아이들에게도 마찬가지고요. 요즘 말로 충조평판(충고, 조언, 평가, 판단)하지 않으려고 해요. 상대가 좋은 쪽으로 가면 나도 좋고 그 사람에게도 좋은 영향을 끼칠 수 있다고 생각해요.

신혼 초기, 아이가 태어난 후, 작년에 있었던 수술까지 삶의 터닝 포인트가 여러 곳 있었는데 그때마다 어떤 생각의 변화가 있었나요?

저에게 가장 큰 변화를 준 건 작년에 수술받은 일 같아요. 다른 일들은 살면서 서서히 변했다면 수술은 저에게 예상치 못한 일이었고 변화의 폭도 커서 터닝 포인트가 되었어요.[3] 수술을 받고 나서 '내가 먼저'라는 생각을 많이 했어요. 전에도 그런 욕구가 제 안에 있었을 텐데 그런 생각을 밖으로 꺼내지 못했던 것 같아요. 그런데 이제는 그런 욕구를 내보이지 않으면 나중에 더 힘들 수도 있다는 걸 알았어요. 길게, 멀리 봤을 때 나 개인을 떠나 우리 가족이나 주변에 안 좋은

---

3 Paul D. Allison는 저서 「Event History Analysis」(1984)에서 한 사건은 특정 시점에서 발생하는 질적 변화를 구성한다고 보았다. 이러한 사건은 개인을 변화시킬 뿐만 아니라 관계, 가족 단위에까지 역동적인 변화, 전이(Transition)를 갖고 온다. 어느 순간 가족들과의 관계가 좋아졌다는 사전

영향을 줄 수 있겠구나. 일단은 내가 먼저 나를 바라보고 나에 대해서 생각하려고 해요. 내가 건강해야 아이들 간식이라도 한 번 더 챙겨주고 내 컨디션이 좋아야 남편이 힘들 때 제가 아이들을 더 돌볼 수 있으니까요. 그래서 '나를 더 많이 생각하는 것이 결코 이기적인 것이 아니다.'라고 생각하게 된 것 같아요.

고맙다는 표현도 친밀감 표현의 하나라고 생각되거든요. 그런 표현을 하는 것도 작년에 받은 수술이 영향을 미쳤을까요?

사실 이런 자리가 저한테는 생경하거든요. 이전에 느끼지 못했던 것을 생각하는 시간인데요. 육아휴직하고, 팬데믹을 겪고, 수술받는 과정에서 온라인으로 모르는 사람들과 책 얘기를 하면서 교감하는 게 저에게 만족감을 주었는데 그건 저뿐만이 아니라 함께하는 분들이 다 그랬던 것 같아요. 그런 만족감이 분명히 생각의 변화를 가져온 건 맞아요. 작은 것도 누군가의 노력이 들어갔을 거라고 생각하니까 다 감사해요.

현재 그런 관계로 느끼는 삶의 만족도는 어느 정도라고 생각

인터뷰와 본 인터뷰의 글을 여러 번 읽었지만 어떤 결정적인 사건이었는지는 명확히 기술할 순 없었다. 수술, 코로나, 관계의 지속과 연령 타이밍이 가족관계 전체에 질적 변화를 가져오지 않았을까?

하세요?

거의 100% 만족해요.

정말 100% 만족하세요?

저도 예전이라면 100%라는 숫자가 불가능하다고 생각했을 텐데 수술받은 후에는 모든 것을 바라보는 시선이 바뀐 것 같아요. 제가 누워서 만화 보는 걸 좋아하는데요. 어제도 애들이 다 잠들고 난 후 누워서 만화를 보려고 하니까 남편이 웃으면서 "이제는 만화 타임이야?" 하는 거에요. 제가 소소하게 글을 쓸 때면 "이제는 작가 타임이야?" 놀리듯 말하는데, 어제 만화를 보려고 누웠더니 그 말을 하면서 절 바라보는데 남편의 그런 표현이 제가 하는 일을 꼬아서 보는 게 아니라 사랑스러워하는 표현이라고 전 받아들였거든요. 그런 소소한 것에 만족하는 것도 맞고 현재의 삶에 만족하는 것도 맞아요.

긴 시간 인터뷰하면서 친밀감에 대한 생각의 변화가 혹시 있을까요?

인터뷰하면서 생각의 변화라기보다는 친밀감의 밀도가 '공간과 시간에 반드시 비례하지 않을 수도 있겠다.'라는 생각을 했어요. 친밀감이라는 것이 '개인마다, 관계마다 다 다르겠구나.' 생각했고요. 그림책 하나를 보고도 모두 다른 생각을 하는 것처럼 '다양한 정의를 내릴 수 있겠다.'라는 생각을 했어요.

인터뷰이는 인터뷰를 마치며 "개인적으로 작년에 수술했고, 코로나19 유행은 여전하지만 이 시간을 보내면서 내가 좋아하는 걸 찾고 조금씩 성장해 간다는 생각에 이 팬데믹 상황이 나에게 꼭 불행만은 아니었구나, 전화위복이 될 수 있겠구나, 나를 찾아가는 시간이었구나."라는 말로 인터뷰 소감을 전했다.

'진짜 내 목소리'를 들려주는 것

친밀한 상대 앞에서는 목소리부터 달라져요.
목소리가 좀 낮고 독특한 편이라, 보통은 높은 목소리로 꾸며내어 말하는 편이거든요. 그런데 친밀한 사람들에게는 본래의 목소리로 편하게 이야기해요.

인터뷰어/ 황지현
인터뷰이/ 황다현
(회사원, 20대)

황다현의 진짜 목소리

'친밀감' 혹은 '친밀한 사이'라는 말을 생각하면 가족이 먼저 떠오른다. 나 역시 가장 친밀한 관계를 꼽는다면 가족이다. '내 가족도 그럴까?', '내 가족이 정의하는 친밀감이란 무엇일까?' 이런 호기심에서 출발한 인터뷰의 주인공, 친언니이다. 언니와는 같이 살고 있다. 평소에도 다양한 주제로 이런저런 이야기를 주고받는 살가운 사이다. 매일같이 보고, 밥 먹고, 놀고, 부대끼며 살고 있지만 친밀감에 관한 이야기는 처음이다. 가장 가깝다 느끼고 굳이 말하지 않아도 많은 것을 아는 사이, 언니이자 가족의 이야기가 궁금하다.

오늘 인터뷰에 응해주셔서 감사합니다. 간단하게 자기소개를 부탁드려도 될까요?

안녕하세요. 나이는 27살이고요. 생각이 많고 명확한 걸 좋아합니다. 그리고 성격이 급한 편이에요. 삶을 살아가는 데 있어 중요하게 생각하는 건 저 자신을 잃지 않는 것이에요.

가벼운 질문으로 인터뷰를 시작해볼게요. 친밀감이라는 단어를 들었을 때 떠오르는 대상이 있나요?

인터뷰어님(친동생), 엄마, 대학교 동기 한 명, 이렇게 세 명 정도가 떠오르네요.

이야기를 좀 듣고 싶은데요. 다현 님과 제가 정말 친밀하다고 느꼈던 순간은 언제인가요?

우선은 다른 가족들에게 할 수 없었던 제 얘기를 지현 님(인터뷰어)에게 했을 때, 우리가 친밀하다고 생각했어요. 제가 심적으로 많이 힘들었을 때, 지현 님에게 가장 먼저 털어놨었는데[4], 나의 힘든 상황을 털어놓을 수 있는 존재라는 점에서 친밀하다고 느꼈어요.

그다음으로는 공통 관심사에 대해 대화 할 때가 있었는데요. 둘 다 취미가 독서여서 책에 대해 이야기할 때나, 같이 덕질 하는 대상에 대해 이야기할 때 친밀하다고 느낀 것 같아요. 아, 같이 홍콩 여행을 가서 그동안 몰랐던 모습을 알게 됐을 때도요. 제가 생각했던 것보다 훨씬 무계획적이고 즉흥적이더라고요. (웃음)

맞아요. 저는 좀 흘러가는 대로 사는 편이라서 많이 놀랐을 거 같아요.(웃음) 엄마의 경우는요? 언제 친밀하다고 느꼈나요?

---

4 이 인터뷰에는 자신에 대해 '털어놓는다', '속내를 드러낸다'라는 표현이 자주 나타난다. Stinnett & DeFrain는 저서 「Secrets of strong Families」에서 건강한 가족관계에 대한 분석결과를 제공한다. 가족건강성 개념은 6개의 유형으로 감사와 애정, 헌신, 긍정적 의사소통, 함께 시간 보내기, 영적 안녕, 스트레스와 위기의 관리능력으로 나뉜다. 이 유형의 특징을 쉽게 표현하면 '일상을 공유하면서 속을 털어놓는다.'로 함축할 수 있다. 공통관심사에 대한 짧은 대화에서 서로를 깊이 돌보는 대화까지 가면서 서로가 서로에게 자신을 점점 더 노출한다는 개념이다.

엄마는 요즘 들어서 친밀감이 상승한 경우예요. 예전에는 많이 싸워서 친밀감보다는 애증의 감정이 더 강했거든요. 제가 조금 전 힘든 점을 말하면서 친밀감을 느꼈다고 했는데, 엄마와의 친밀감도 비슷해요. 우리 엄마는 힘들다는 말씀을 잘 안 하시고, 아무리 사소한 일이라도 절대 우리를 시키지 않으시잖아요. 그런데 이번 추석에는 "송편에 들어갈 밤은 우리가 깔게요." 말씀드리니까 "그래, 엄마 힘드니까 너희가 까라." 하셨죠. 그리고 선물도, 예전에는 무슨 돈을 쓰냐면서 전부 거절하셨는데 이번에는 고맙다고 하고 받으시더라고요. 엄마가 그러실 수 있을 거라고는 상상도 못 했는데 요즘 들어 조금씩 변하시는 것 같아요.

대학교 동기와 친밀하다고 느꼈던 경험에는 어떤 것이 있나요?

 편의상 M이라고 할게요. M과는 성인이 되어 만난 사이라 처음엔 좀 친밀해지기 어려울 거라 예상했어요. 대학 친구는 '각자 앞가림 하기 바쁘니까 학교를 졸업하면 연락이 끊기겠지' 하는 생각이 있었거든요. 그런데 어느 날 카페에서 단둘이 대화를 하게 됐는데, M이 자기가 요즘 힘들었단 이야기를 꺼냈어요. 이러이러한 일 때문에 많이 힘들었다면서 울려고 하더라고요. 그래서 저도 제 얘기를 하면서 위로를 해줬는데 그때 저와 M 사이가 좀 더 친밀해진 것 같아요. 이후로도 자주 만나고 연락도 많이 하면서 더 친밀해졌고요. 그전까지는 정말 딱 수업 같이 듣고, 밥 같이 먹는 '대학 동기' 정도였거든요. 그런데 힘들다는 이야기를 털어놓을 정도면 '나를 꽤 친하다고 생각하는구나.' 싶었어요.

세 사람 모두 서로 속 깊은 이야기를 하고 예상하지 못했던 다른 모습들을 서로에게 보여주면서 친밀해진 것 같아요.

네, 서로의 본모습을, 속내를 드러내는 게 저한테는 친밀감을 쌓는 데 있어 굉장히 중요해요. 특히 힘들었던 이야기를 한다는 건, 그 사람이 그만큼 저를 신뢰하고 솔직하게 대한다는 의미잖아요. 그럼 저도 그 사람을 믿고 저를 더 드러낼 수 있게 돼요. 그리고 예상과 다른 모습을 보게 되는 건 참 재밌는 일이에요. 제가 그 사람에 대해 잘못 알고 있었던 거니까, 그걸 깨뜨리는 게 신기하고 재밌어요.

신뢰와 그에 따른 자기 개방이 다현 님의 친밀감에 있어서 중요한 키워드가 되겠군요. 그럼 다현 님은 친밀한 상대에게 자신을 어떻게, 얼마나 드러낼 수 있나요? 신체적, 정서적 영역에 따라 나누어 생각해보면 좋을 것 같아요. 쉽게 말해 친밀한 사이에서 이것까지 가능하다, 하는 것이 있다면요?

저는 친밀한 사이라면 웬만한 건 다 드러낼 수 있고 다 가능한 것 같은데요. 우선 신체적 영역부터 생각해보면, 친밀한 상대 앞에서는 목소리부터 달라져요. 목소리가 좀 낮고 독특한 편이라, 보통은 높은 목소리로 꾸며서 말하는 편이거든요. 그런데 친밀한 사람들에게는 본래의 목소리로 편하게 이야기해요. 남들에게 보이기 싫은 힘들었던 이야기를 개방하듯이 있는 그대로의 모습이 나오죠.

또, 크게 웃어요. 가끔 웃으면서 습관적으로 그 사람을 가볍게 때리기도 하고요. 상대를 망설임 없이 터치할 수 있다고 해야겠네요. 저는 친밀하지 않으면 절대 먼저 닿지 않거든요. 음, 단둘이 샤워까지도 가능한 것 같아요. 실제로 자매들이나 아까 말한 친구 M과는 같이 씻은 적도 있고요. 정서적으로도 웬만한 건 다 오픈해요. 제 상황이나 생각, 감정에 대해 솔직하게 드러내는 편이에요. 아까 말했듯이 힘들었던 이야기도 털어놓고요. 상대방에게 감추거나 잘 보이려 포장하지 않고 자연스러운 나를 드러낼 수 있는 것 같아요.

그럼 친밀한 사이여도 이건 불가능하다는 것에는 어떤 것이 있나요?

이것도 신체적 영역부터 생각해보면, 목욕은 불가능해요. 저는 목욕하면서 충분한 시간 동안 혼자 쉬고

싫거든요. 답하고 나니 정서적인 영역에까지 걸쳐져 있는 것 같기도 하네요. (웃음)

그리고 정말 깊은 내면세계에 대해서는, 아무리 친밀해도 비밀이에요. 자의식이라고 해야 할까요? 여기서 말해버리면 그건 더 이상 비밀이 아니니까 구체적으로 설명하긴 어렵지만, 자아에 대해 가지고 있는 생각은 말하지 않는 것 같아요. 그리고 가족은 상관없지만, 친구 같은 경우는 정말 친밀한 사이여도 같이 살 수는 없어요. 집에서는 편하게 있고 싶은데, 친구가 있으면 신경 써야 할 것들이 많아서 그럴 수 없거든요.

친밀한 대상에 가족과 친구가 모두 포함되어 있었는데, 그 안에서도 친밀감의 정도가 구분되네요?

네. 그러니까, 친밀한 관계도 단계가 있는 것 같아요. 단계에 따라서 상대와의 거리가 가까워지기도, 멀어지기도 해요. 아주 친하고 친밀한 사람들, 그냥 친한 사람들, 마지막으로 그 외의 사람들. 친구들은 단계가 변할 수 있는 것 같아요. 친밀한 관계를 유지하다가 멀어지기도 하고, 멀었던 사이가 더 돈독해지기도 하고요. 그런데 가족은 항상 논외인 것 같아요. 가족은 저에게 가장 친밀한 관계로 항상 정서적으로 가장 가까운 곳에 있죠. 그래서 구분하게 되는 것 같아요.

친밀했던 관계가 멀어진 경우가 실제로 있었나요? 만약 있다면 왜 그렇게 됐는지, 어떤 일이 있었는지 얘기해주실 수 있을까요?

있었어요. 편의상 J라고 할게요. J와 교류가 안 됐던 적이 있어요. 졸업하고 둘 다 힘들었던 때였는데, 저는 힘든 부분에 대해 J와 대화를 해보고 싶었거든요. J도 저한테 얘기해 줄 거라고 믿었고요. 근데 자기가 뭐 때문에 힘든지 끝까지 말을 안 해주더라고요. 그러다 보니 저도 점점 거리를 두게 됐죠.

깊은 속내, 특히 힘든 이야기를 털어놓는 것이 다현 님에게 정말 중요한 것 같네요. 그렇게 친밀감의 단계에 변동이 생길 때 심정은 어때요?

저는 그 사람을 잡고 싶어요. '여기서 나가지 마!' 이렇게 잡고 싶은데, 어쩔 수 없는 것 같아요. 저만 저를 드러내고 노력한다고 되는 게 아니라는 생각이 들어요.

친밀한 관계는 어느 한쪽의 일방적인 노력보다는 서로의 자기 개방이 이루어졌을 때 친밀함을 쌓을 수 있는 것 같아요. 나를 드러낼 수 있는 친밀한 관계들이 다현 님에게 어떤 의미인가요?

세상을 살아가게 하는 힘이 돼줘요. 자신의 솔직한 모습을 보여줄 수 있고, 편하게 대화를 하면서 제 이야기를 들어줄 사람들이 있는 거잖아요. 그 점이 큰 의지가 돼요. 그리고 제가 그 사람들을 사랑하니까 그게 저를 살게 해주는 것 같아요.

친밀한 사람에게는 '진짜 나'를 믿고 드러낼 수 있다는 점에서 세상을 살아가는 데 큰 힘이 되는군요.

네, 남을 신뢰하기도 남에게 솔직하기도 어려운 각박한 현대사회니까요. (웃음)

웃음이 나면서도 너무 슬픈 말이네요. 이제 소감을 듣고 인터뷰를 마무리 지을까 해요. 오늘 저와 한 번도 이야기해 본 적 없었던 친밀감에 대해 이야기 나눠봤는데요, 어떠셨나요?

굉장히 재밌었어요. 이 프로젝트에 대해 처음 듣고 친밀감에 대해 많은 생각을 했거든요. '친밀감이 뭘까?' 하고요. 오늘 인터뷰 질문에 답을 하면서 저도 생각이 정리됐어요. '나를 얼마나 드러낼 수 있는가?'에 따라서 친밀감의 정도가 차이 나는 것 같아요.

'진짜 목소리'를 낼 수 있는 관계

인터뷰가 끝나고 단둘이 남았을 때, 인터뷰가 어땠는지 언니에게 물었다. 돌아온 답변은 '후련하다'였다. 아까보다 훨씬 편해진 목소리와 내용이다. 언젠가 언니가 목소리에 관한 고민을 털어놓은 적이 있었다. 자신의 낮고 허스키한 목소리를 들으면, 상대방이 놀란다는 것이었다. 심지어는 목소리가 이상하다고 놀리거나, 불친절하다고 지적하는 사람도 있었다고. 그래서 언니는 늘 한 톤 높지만 부드러운 목소리를 내고자 노력했다고 한다. 가끔 성대에 무리가 올 때도 있지만 어쩔 수 없다고 했다. 인터뷰하면서 안데르센의 동화 인어공주의 모습이 떠올랐다. 사랑하는 왕자를 만나기 위해 바다 마녀에게 자신의 목소리를 내어주고 다리를 얻은 인어공주와 친밀한 누군가에게 다가갈 수 있는 다리를 얻는 대신 진짜 모습, 진짜 목소리를 숨겨야 하는 언니의 모습이 겹쳐 보인다. 언니뿐 아니라 현대사회의 인간관계가 인어공주와 어느 정도 닮아 있는 것 같다. 우리가 모두 자신의 본모습을 진솔하게 드러내지 못하고, 다른 사람의 시선에 맞춰 나를 꾸며내는 것은 아닐까? 힘든 일이 생겨도 편하게 속마음을 털어놓고 기대지 못한다. 이런 관계 속에서, '내 진짜 목소리'를 들려줄 수 있는 사람이 있다면, 그를 친밀하다고 할 수 있는 것은 아닐까? 언니의 인터뷰는 그렇다고 말하는 것 같다.

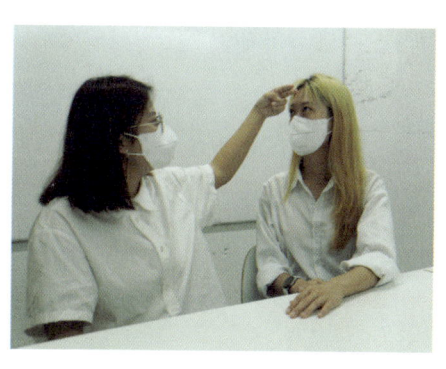

Interview
너 (선 지키기VS선 넘기)

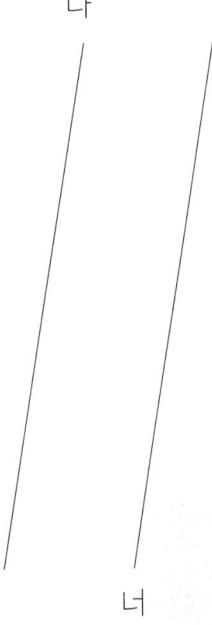

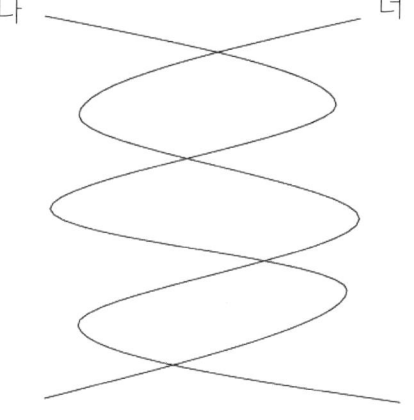

너니까 : 인터뷰에 응답하다

인터뷰어/ 홍서희
인터뷰이/ 김현정
(회사원, 20대)

'친밀한 것' 떠오르는 대로[5]

침대 : 나에게 친밀한 물건은 그냥 친밀감으로만 봤을 때, 가장 친한 건 제 침대입니다. 친밀감 자체가 사람을 편안하게 하는 단어라고 생각하는데, 제게 가장 편안한 장소는 침대인 것 같아요. (웃음)

침대는 세상에서 가장 솔직해질 수 있는 곳이죠. 모든 걱정이 다 거기서 해소되고 풀려요. 저는 생각이 엄청 많아요. 그래서 어떠한 자극이 들어오면, 그 생각을 쉽게 정리하지 못 해요. 누군가 나한테 말을 건다든가, 시끄러운 소리가 들린다든가, 어떠한 행위를 한다든가 하면 생각 정리가 안 돼요. 그런데 침대는 내가 잠자는 곳, 가장 안전하고 편안함을 느끼는 곳이니까 제 생각

---

5 한국일보 기획취재 공모전에 참가한다는 학생들이 인터뷰를 요청했다. '청년 1인 가구의 가족'이라는 주제로 나에게 '1인 가구의 가족'은 어떤 의미인지 학문적 견해를 물었다. 이에 대한 학문적 답보다 한 학생들의 사전 조사 질문지가 흥미로웠다. 아래는 사전 질문지의 내용이다.

청년 1인 가구의 가족은 ( )다.
- 자취 3년 차, 24세 A씨: 나의 가족은 '남자친구와 반려견'이다. 혈연보다 친밀감을 느끼고 있음.
- 자취 5년 차, 25세 B씨: 나 자신과 휴대폰, 분신처럼 갖고 다니는 휴대폰이 소중한 가족 같다.

그들에게 가족은 반려견, 휴대폰이다. 인터뷰이도 침대라고 말한다. 누구와 교류하는지가 아니라 무엇과 관계하는지 물어야 하는 시대이다.

을 온전히 정리할 수 있잖아요. 그래서 고민이나 해결책을 생각할 수 있는 좋은 쉼터 같은 곳이기도 해요.

생수 : 친밀감은 저의 원동력이기 때문에 없어서는 안 돼요. 살아가는 데 있어서 친밀함이 없으면, 저는 가장 큰 행복을 뺏기는 것 같아요. 저는 사람을 만나서 얻게 되는 편안함과 즐거움에서 살아가는 힘을 얻는 사람이라, 그게 없으면 안 돼요. 사람들이 물을 마시지 않으면 살 수 없는 것처럼, 저도 그런 관계가 없으면 살아갈 수 없어요. 저한테는 생수와 같은 존재입니다. 생수. (웃음)

내 작품 : 어렸을 때는 자주 마주치는 사람들을 친밀하다고 느꼈던 것 같아요. 그런데 요즘은 대상이 바뀌었어요. 왜냐하면 입시 준비하느라 부모님을 자주 만나지 못했고, 대신 화실에서 자주 만나는 선생님들한테 친밀감을 많이 느꼈어요. 그리고 사실 친밀감보다는 애증의 관계이긴 한데, 제 작품들? 매번 마주쳐야 하고, 매번 생각해야 하는 존재였으니까요.

인큐베이터 안의 아기 : 저는 늘 그리는 소재가 있어요. 아기인데요, 인큐베이터 안에 아이가 있고, 그 아이가 태어나는 모습을 지켜보는 어른들이 있는 장면이에요. 아니면 내가 사랑하는 사람들을 주제로 자궁 속에서 세상을 바라보는 아이의 시선으로 그려요.

친밀감도 그런 식으로 그려질 것 같기는 해요. 인큐베이터 밖 어른들의 시선. 사랑하고 내가 희생해서라도 보듬어줘야 하는 존재가 있고, 아이의 시선으로 얘기하자면, 내가 앞으로 의지하고 사랑할 사람. '아! 이런 사람들이랑 내가 계속 살아갈 거구나.' 라는 시선을 주제로 그릴 것 같아요.

적정선 : 친하게 되면 시덥지 않은 이야기를 많이 하게 되죠. 저도 말이 많거든요. 그렇지만 아무리 친해도 제가 생각하는 적정선의 예의범절을 넘을 수 없어요. 우리는 기본적인 교육을 받았잖아요. 그 적정선 안에서 '이 사람한테 이 얘기를 할 때는 실례다. 이런 행동은 무례하다.' 라는 생각이 드는 것들. 예를 들면, 친구 집에 가서 허락 없이 방에 불쑥 들어간다든가. '친하니까' 라는 이유 하나로 무례함을 덮을 수는 없어요. 그래서 아무리 친밀해도 어느 정도 선을 지키려고 노력합니다. 하지만 누구와 친하면 제 약한 모습을 마음껏 보여줄 수는 있어요. (웃음) 친하지 않은 사람한테는 숨기기 급급한데, 친한 사람들한테는 약간 투정 부리듯이 많이 보이는 것 같아요.

완전한 내 편 : 친구들은 제 편이죠. 완전한 제 편이죠. 제가 무슨 얘기를 하든, 무슨 선택을 하든 응원해

줄 수 있는 저의 응원단이죠. 저 또한 그렇고요. 완전히 의지할 수 있는 대상은 친구들이에요. 또 사람마다 견디기 힘든 상황이 있잖아요. 예를 들면, 저는 조용한 상황을 견디지 못해요. 근데 제가 친밀하다고 생각하는 사람들과는 몇 시간이고 아무 말 없이 있어도 불편하지 않고, 가끔 견디기 어려운 상황을 그 사람들이랑 아무렇지 않게 함께 할 때, '내가 이 사람들을 진짜 편하게 생각하는구나.', '남들한테 보여줄 수 없는 모습을 보여주고 있구나.' 이렇게 느껴요.

삶의 원동력 : 좀 과하게 해석하면, 그 사람들 때문에 살아간다고 생각해요. 아까도 말했듯이, 저는 사람을 진짜 좋아해요. 제가 행복감을 느끼는 큰 즐거움 중 하나가 사람을 만나는 거고. 그냥 사람을 만나는 것도 좋지만, 제가 친밀하게 생각하는 사람을 만났을 때 힘을 얻어요. 그래서 하기 싫은 일을 할 때, 예를 들어서 직장에 나와서 일을 할 때에도 큰 힘이 돼요. '내가 좋아하는 사람들과 만나서 추억을 쌓으려면 돈이 필요하니까. 그러려면 이 일을 해야 해.' 이렇게 저를 다독여요.

편안함 : 저에게 친밀감은 단순하게 생각한다면, '편하다', '안 편하다'의 차이예요. 편한 사람은 만나러 갈 때 긴장이 안 돼요. 만나서 얼굴을 봤을 때 웃음부터 나와요. 이 사람이랑 아무것도 안 하고, 그냥 앉아

서 떠들거나 산책만 해도 즐겁고, 뭘 해야 할지 고민도 없어요. 무언가를 희생해야 할 때 망설임이 없어요. 희생이라는 게 꼭 큰 게 아니라, 밥 한 끼를 산다거나, "내가 늦잠을 자서 1시간 정도 늦을 것 같아." 그러면 '기다리지 뭐.' 이런 거. 지금 내 소중한 시간을, '나를 만만하게 생각해서 늦나?' 하는 생각이 드는 게 아니라 만나고 '놀려야지.'라는 생각. (웃음) 내가 좋아하는 사람이랑 밥 먹는 거니까 내가 흔쾌히, 이러려고 돈 버는 거지 이런 생각. 불편한 사람들은 만나러 가기 전부터 긴장이 되고, '무슨 얘기를 해야 하지?', '어색할 때 내가 풀어줘야 하나?', '이거 다음에 뭘 해야 하지?', '왜 내가 사지? 쟤는 돈이 없나?' (웃음) 따지게 되는 것 같아요.

응원 : 제가 의지할 수 있는 대상은 저 자신밖에 없어요. (웃음) 혼자 살 수 있는데, 그래도 서로 어울리며 살아가면 좀 더 행복한 삶을 살 수 있지 않을까 생각해요. 사는 거 자체는 혼자 할 수 있겠죠, 그리고 발전할 수 있겠죠. 근데 그 과정에서 좀 더 시너지를 내고 편안한 형태로 발전할 수 있는 건 서로 함께 할 때라고 생각해요. 어렸을 때 힘든 일이 좀 많았는데, 힘든 일을 혼자 안고 가는 게 더 좋다고 생각했어요. 근데 이제는 친구들한테 자연스럽게 털어놓다 보니까, 어차피 해결은 혼자 하지만, 그걸 들어주고 이해해주

는 사람들을 만났을 때 버텨낼 힘이 생기더라고요.

제 커리어에 도움이 되기 위한 친밀한 관계는 필요하지 않아요. 제 커리어는 제가 만들어가고 싶고 제가 해내고 싶어요. 저에겐 제 뒤에서 '잘하고 있어!' 라고 말해줄 수 있는 사람이 필요해요.

노력 : 저는 친구들을 정말 좋아하거든요. 그렇지만 일 때문에 시간을 내기 쉽지 않아요. 대략 12시간에서 13시간 정도 일하거든요. 말도 안 되는 스케줄이 있어도 친구들과 약속이 잡히면 되도록 가려고 애쓰죠. 잠을 줄여서라도 좋아하는 사람들을 부르기도 하고요. 자주 보는 게 좋고, 그 사람들을 만났을 때 얻게 되는 원동력 때문에 그들과 멀어지는 걸 원치 않아요. 또 가족이 저에게 의지했으면 해요. 지금까지 제가 가족에게 의지했으니까요. 아무리 가족이라도 제가 일방적으로 의지하면 힘들다는 생각이 들어요. 성인이 된 뒤부터는 가족이 저에게 의지할 수 있도록 경제적으로 좀 많이 노력했어요.

상호 배려 : 저는 어떤 관계든 당연한 건 없다고 생각해요. 이게 제일 중요한 것 같아요. 아무리 친한 사이여도 무언가를 해줬을 때 당연하게 생각해서는 안 되는 거죠. 서로에 대한 배려가 깔려 있어야 한다고 생각해요. '나는 너를 존중하고, 네가 좋지만 무조건 당연

하게 받아들이지 않아.'라는 배려와 존중이 있어야 친밀한 관계를 이어 나갈 수 있다고 생각해요. 아무리 친밀한 가족이라도.

   즐거움에서 편안함으로 : 예전에는 내가 즐겁고, 나랑 있는 사람도 즐거워하면 그게 친밀감의 기준이었는데, 지금은 좀 복잡하게 바뀐 것 같아요. 예전에는 '자주 만나고 재밌어. 그러면 친밀해.' 이렇게 단순했다면, 요즘에는 편안해야 하고 내가 이 사람한테 무조건 줘도 좋고 여러 가지 기준들이 생긴 것 같아요. 예전이나 지금이나 자주 만나는 것이 제일 중요한 기준이기도 하지만 지금은 꼭 그것에만 국한하지 않고 뭔가 좀 덧붙여진 기분이 드네요.

   스킨쉽 : 친해지면 저는 스킨십이 많아지고 자꾸 눈을 마주치고 싶어 해요. 예를 들면, 팔짱을 낀다거나, 그 사람을 정면으로 보고, 말하면서 계속 이렇게 눈을 마주치고 싶다든가. 몸으로 좀 많이 표현되는 것 같아요.

   상처 : 사람을 너무 좋아하다 보니 정말 많이 만났고, 친밀하다고 생각해서 그 사람들한테 잘해주려고 노력했는데, 사람이다 보니 생각이 같을 수가 없잖아요. 다르다 보니 자연스럽게 깨지는 경우도 있고, 천천

히 멀어져서 깨지는 경우도 있고, 말하다 싸워서 깨지는 경우도 있고. 관계가 깨진 경우는 꽤 있죠. 제가 친하고 잘 따랐던 사람이 사실은 저를 별로 좋아하지 않는다는 걸 알았을 때 '내가 사람을 너무 내 기준에서 봤구나.'라는 생각에 좀 더 관찰하는 습관이 생겼죠. 예전에는 마냥 해맑게 '사람? 다 좋아.' 이랬다면, 지금은 '어떤 사람인지?', '이야기했을 때 나랑 어떤 점이 맞고 안 맞는지?', '이런 이야기를 했을 때 어떻게 반응을 하는지?' 이런 걸 꼼꼼하게 보게 된 것 같아요. 예전보다 좀 조심스러워지고.

그리고 최근에 반대의 경우도 있었어요. '이 사람은 나를 싫어한다.'라고 생각했는데, 알고 보니 저한테 의지를 많이 했던 거예요. 반대 상황을 본 거죠. 그래서 약간 충격을 받았어요. '내가 안 그러려고 노력했는데, 아직도 고정관념, 편견에 싸여서 사람을 보고 있었구나.'라는 생각을 하고 좀 안 그러려고 노력하고 있는 것 같아요.

변하는 것 : 감정은 유동적인 것 같아요. 살아가면서 사람도 많이 만나고, 가치관도 많이 바뀌고, 사람을 구별하고 하다보니 친밀감의 기준도 좀 바뀌더라고요. 예전에는 정말 자주 만나야 했고 자주 만나지 않으면 친밀감이 확 떨어졌어요. 그래서 예전에는 시기에 따라서 분절되는 느낌이었다면 지금은 친밀한 상태가 지

속적으로 잔잔하게 흘러가는 느낌이에요.

이성 : 이성에게 느끼는 친밀감은 사라지려면 언제든 바로 사라질 수 있다고 생각해요. 여태까지 경험해 본 바로는 이성 관계는 언제든지 깨질 수 있는 데 반해 친구 관계, 가족 관계는 쉽게 깨질 수 없는 것 같아요. 그래서 그 관계들을 더 원하는 것 같고. 제가 이성 관계에 더 이상 의지하지 않는 이유는, 예전에는 당연하게 제 나이쯤 되면 결혼을 생각하고 결혼을 하는 분들도 많았고, 맞벌이보다는 외벌이가 많았잖아요. 결혼하고 나서 누군가한테 의지하다가 그게 깨졌을 때, 한 사람이 너무 힘들어하는 모습을 꽤 많이 봐서 그런 생각이 드는 것 같기는 해요.

인터뷰 소감: 생각보다 굉장히 흥미로웠어요. (웃음) 그리고 저는 독립적인 성향이 더 큰 줄 알았는데, 얘기하다 보니까 생각보다 사람을 더 좋아하네요. (웃음) 원래 좋아하지만 '더 좋아하는구나.' 그걸 알게 됐네요.

직선과 곡선

- 서로 부담 갖지 않는 관계
- 간섭하지 않는 관계
- 편하게 부탁하고 들어주는 관계
- 관계를 이어가도 별 탈 없는 관계
- 서로에게 관심 있으면서도 터치하지 못하는 부분이 있음을 이해해주는 관계
- 일상을 부담 없이 공유할 수 있는 관계

인터뷰어/ 홍경
인터뷰이/ 현성용
(대학생, 20대)

우리는 평소 친밀감이라는 단어를 어떻게 이해하고 사용할까? 자연스레 떠오르는 낯익은 장면, 다정한 목소리, 편안한 느낌, 말로 하지 않아도 너도 알고 나도 알고 있는 듯한 친밀감. 그러나 20대 남자, 내 친구 성용에게 '친밀감'은 익숙하지도 자연스럽지도 않은 난해하고 어려운 단어처럼 보인다. 그에게 친밀감은 '친밀하다'에 뿌리를 둔 친밀함, 친함, 친밀한 관계 등등 다소 복잡하고 어색하고 쑥스러운 단어이다.

친밀감을 무엇이라고 생각하시나요?

친밀하다는 게 어느 정도 관계인지 아직 잘 모르겠어요. 길 가다가 인사하는 정도도 친밀함에 넣어야 할지 평소에 친밀함이라는 단어를 잘 쓰지 않다 보니 어색하고 낯설어요. 친하다고 말하는 게 더 익숙해요. 저는 친밀함과 친함이 같은 뜻이라고 생각하거든요. 그냥 똑같은 말이라고 생각하면서 살아왔어요. 어쨌든 정의해보자면, 제 주변에 있는 친한 관계의 사람들과 즐거운 일을 같이하는 것이 친밀함이라고 생각해요.

곡선을 그리다

성용의 친밀감은 완만하게 상승하는 곡선과 같다. 친밀감이 생기고 소멸하는 과정이 시간의 흐름과 함께 자연스럽게 생겨나는 곡선이다. 운동, 취미, 개그 코드와 같은 취향이나 성향을 서로의 대화로 확인하면서 친밀감의 곡선은 완만한 상승세를 그린다. 이 친밀감 곡선이 상승하기 위해서는 '시간과 대화'라는 동력이 필요하다.

어떻게 친해지나요?

같은 반 친구나 군대 동기와 친해졌던 게 제일 먼저 생각이 나요. 스트레스 타파로 취미를 같이 하든, 수업을 같이 듣든. 어쨌든 함께 보낼 시간이 많고 사적으로도 함께 할 일이 생길 수밖에 없어서 자연스럽게 친해져야겠다는 생각이 들더라고요. 그런 관계가 되면 저도 상대방도 친해지기 위해서 조금씩 노력하는 것 같아요. 처음 만났을 때 공통된 관심사가 있으면 대화가 잘 통하고 더 편했어요. 특히 농구나 축구 같은 스포츠 관련 이야기는 끝없이 나오거든요.

더 친밀한 관계가 되기 위해선 시간이 좀 필요한 것 같아요. 첫 만남에 생겼던 감정보다는 친해지고 난 후에 어떤 행동과 대화를 하느냐에 따라 더 친밀해지는 느낌이에요. 시간이 지나면서 서로의 정보를 공유하고, 함께 웃으면서 지내다 보면 내 이야기를 하는 데도 부담이 안 느껴지고, 대화를 주고받으면서 '애가 나를 이해하고 있구나.' 하는 생각이 들어요. 제가 친밀함을 느끼는 친구와는 오랜 시간을 같이 보내면서 깊은 이야기를 편하게 할 수 있었던 것 같아요. 저를 이해하니까 편하게 이야기가 나오겠죠. 결국, 가장 친한 관계가 되려면 많은 '대화'가 필요한 것 같아요.

시간이 쌓이고 서로의 깊은 속내를 털어놓는 대화를 통해 자신이 이해받고 있다고 느끼면서 친밀감은 가파르게 상승한다. 그렇다면 친밀감을 유지하기 위한 그만의 특별한 노력은 없을까? 성용의 답은 '배려'라고 한다. 성용의 배려는 '다른 사람이 싫어하는 행동이나 말을 안 하려고 노력하는 것'이자 '상대방의 기준을 헤아려 주는 것'이다.

친한 관계를 유지하기 위해서 필요한 게 있을까요?

배려가 필요하다고 생각해요. 상대방의 기준을 헤아려 주면서 그 사람이 싫어하는 행동이나 말을 안 하려고 노력하는 거죠. 혹시나 의견 충돌이 생겨도, 마냥 고집부리지 않고 친구를 이해하려고 노력해요. 친한 친구들이 있어서 편하고 의지가 많이 돼요. 같이 놀 수 있는 사람이 있는 거니까 즐거운 일도 많이 공유하는 것 같고요.

슬픈 일은 공유를 안 하나요?

슬픈 일이 있을 때도 가장 먼저 공유할 수 있는 사람들이라고 생각해요, 가까운 사람들이죠.

그러나 친밀감, 친밀한 관계 또한 하향 곡선을 그리기도 한다. 시간이 지나고, 상황이 여의치 않거나, 서로가 궁금해지지 않은 상태가 되고, 서로의 연락이 드문드문해지면 언덕을 내려가듯 정점을 찍은 곡선은 내리막을 향해 미끄러져 간다.

언제 친밀한 관계가 소원해질까요?

관계를 맺다 보면 그 사람의 성격이나 대화방식이 보이잖아요. 말이 거칠기도 하고, 사설이 길거나 오지랖이 넓은 사람이 있는데 그런 사람과는 더 친해지기 힘들다고 할까요? 자연스럽게 멀어지게 되는 것 같아요. 오늘 같이 운동하자고 카톡이 와도 '오늘 안 될 것 같아.'라며 거절하게 돼요. 관계가 갑자기 끝난다기보다는 시간이 지나면서 자연스럽게 멀어지는 느낌이에요. 싸우거나 특별한 계기가 있는 건 아닌데 서서히 관계가 소원해지는 거죠. 별다른 일 없이도 자연스럽게 서로 대화나 함께하는 시간이 줄어들면 관계가 멀어지게 되는 것 같아요. 자연스럽게 거리가 생기는 거죠. 친했다가 멀어지는 것이 아쉽다기보다는 같이 지내면서 그만큼 나랑 맞지 않았다는 것이기 때문에 자연스럽게 거리를 두면 오히려 편해지는 것도 있어요. 관계의 변화가 저에게 큰 영향을 주진 않아요.

직선을 그리다

사람마다 인간관계에 대한 주관적인 원칙과 기준이 존재한다. 성용은 인간관계에서 타인의 삶에 간섭하지 않는 것을 우선한다. 타인의 상황을 고려하지 않고 '감 놔라 배 놔라' 식으로 자신의 기준에서 내뱉는 조언, 성용은 그것을 간섭이라 한다. 누구에게나 마음 어딘가 삶의 기준선은 확실히 존재한다고 한다.

관계에 부정적 변화를 가져오는 것으로 뭐가 있을까요?

아무래도 사람마다 자기만의 기준이 있을 텐데, 제 기준에 대해 간섭하거나 침범을 하는 것이 제가 가장 허용 못 하는 부분이에요. 하지만 친밀한 관계에서는 그런 간섭이 있어도 어느 정도는 허용돼요. 수강 신청 기간이었는데, 친구가 제 시간표에 있는 외국어 강의를 보고선 "왜 그런 쓸모없는 강의를 듣냐?"면서 다른 강의를 들으라고 하는 거예요. 가장 친한 친구였는데, 단순히 의견을 애기하는 걸 넘어서 절대 들으면 안 된다는 식으로 단정해 말하길래 싸웠죠. 물론 지금은 잘 지내고 있지만요.

'간섭'에 대해 어떤 감정, 생각이 드는지 조금 더 물었다.

제 기준을 고려하지 않고 본인이 원하는 방향으로 바꾸려고 하는 것이 간섭이라고 생각해요. 조언하는 정도로 방향 제시를 해 줄 순 있지만, 제 결정을 존중해줘야죠. 뭐가 되었든, 제 행동에 대해 왈가왈부하는 것이 간섭이에요. 제 개인적인 결정에 대해 영향을 미치려고 하는 것이 가장 불편해요. 얼마나 강제성을 띠는지, 말투가 공격적인지도 중요하고요. 간섭받았다는 느낌이 들면 일단 화가 나고, 제 결정이 존중받지 못한다고 느껴요. 특히 제 결정이 부정당했을 때 많이 힘들었어요.

> 친밀감의 곡선이 '나에 대한 이해'라면 '존중받지 못함'은 이를 가르는 경계선이자 직선이다. 이러한 기준선들은 어떻게 만들어지는 것인지 궁금했다. 오랜 시간 시행착오를 거쳐 만들어지는 것인지 물었다.

그리고 그 선이 변하기도 하나요?

가끔 아무 생각 없이 한 행동들에 예상치 못한 반응이 돌아올 때가 있어요. 관계를 지속하면서 이미 서로가 가지고 있는 기준선을 자연스럽게 학습했죠. 하지만 모든 상황이 같을 순 없잖아요. 어떤 상황, 분위기에서는 서로 섭섭하고 안 좋을 수 있어요. 내 의도와 다르게 해석되기도 하고. 그럴 땐 대화로 그 상황을 풀어야 해요. 서로의 의도를 이해하게 되면 흔들리는 관계가 회복될 수 있고 반대로 상황을 풀지 못하면 그 관계는 틀어진 상태로 지속될 것 같아요.

아까 얘기했던 그 친구랑은 친밀한 관계이기 때문에 서로 이해하고 편하게 풀 수 있었어요.

우리는 흔히 친밀감의 대상에서 가족 관계를 예외로 두기도 한다. 친구, 직장 동료, 이웃과의 관계에서 가족은 때때로 빠져 있을 때가 많다.

가족과의 친밀감은 어떠한가요?

가족과도 똑같아요. 서로의 의견을 존중할 수 없다면, 같이 시간을 많이 보냈더라도 점점 멀어질 수밖에 없다고 생각해요. 물론 가족이기 때문에 깔끔하게 연을 끊을 수 없겠지만, 친밀함이 옅어진 상태로 피상적인 관계만 유지하는 그런 상태가 될 것 같아요.

그래도 가족과 친구는 다를 수 있지 않을까요?

다르죠. 특히 부모님과의 관계는 친구와의 관계에서 생기는 친밀감 이상이고, 어느 순간부터 부모님이 저를 지원해준다는 생각이 들었어요. 받은 만큼 책임을 져야 하는데 그러지 못하고 있다는 생각이 들면 죄송한 마음도 들고요. 그게 부담이 되기도 해요.

부담감이란 어떤 것일까? 성용은 부담감을 느낄수록 상대가 아닌 자신을 더 완벽하게 굳혀 나가려 한다. 성용의 사려 깊은 성격이 나타난 것이거나 타인에게 기대지 않으려는 노력일지도 모른다. 부모님의 지원이나 간섭이 '귀찮다, 싫다'가 아니라 '받은 만큼 책임지지 못해서 죄송하다'라는 이야기가 나올 줄은 예측하지 못했다.

친밀함에도 책임지는 태도가 필요하다는 이야기인가요?

친밀한 사이라면 서로 주고받은 것에 책임을 질 줄 알아야 해요. 어떤 상황에서든 본인이 책임을 질 수 있을 만큼의 기준이 필요하다고 생각해요. 그 기준이 정해지면 타인의 기준에 대해서 생각하는 것이 관계를 건강하게 하는 노력이라고 생각하고요.

이러한 기준이 혼자만의 기준선으로 행동할 수 있는 것은 아니지 않을까요?

맞아요. 타인의 기준에 대해 생각하는 것도 건강한 관계를 위한 노력 중에 하나라고 생각하거든요. 선물을 줬을 때 좋아하는 사람도 있고 부담스러워하는 사람도 있으니까, 타인의 기준선을 알아가는 게 필요하고 그런 노력을 통해서 상대를 많이 알아간다면 더 다가가기 편할 것 같아요.

어떻게 하면 타인의 기준선을 알 수 있을까요?

선을 지키는 것이 제일 중요하다고 하지만, 타인의 기준을 알려면 오히려 '선을 넘는' 행동을 시도해봐야 한다고 생각하거든요. 처음부터 상대방에게 마음에 드는 행동만을 할 수 있는 건 아니니까요. 같이 지내면서 대화하고 놀다 보면 말실수할 때가 있잖아요. 그렇다고 바로 남남이 되는 것도 아니고. 서로의 선을 모르는 상태에서 지속해서 반응을 주고받으면서 알아가는 것이 관계의 원동력이라고 봐요.

　선을 넘나드는 기준은 무엇일까요?

　상대방이 어떻게 생각할지 고민하지 말고, 후회하지 않을 만큼의 선 안에서 마음을 내어주는 게 좋을 것 같아요. 서로에게 부담 없이, 자연스럽게 내가 감당할 수 있는 만큼 상대방을 위해 행동하는 거죠.

> 성용은 덜 친한 사람에겐 먼저 연락하지 않음으로써 간섭하거나 침범할 여지를 주지 않을 때도 있다. 하지만 선을 넘는다는 것을 '절대 안 돼.'라는 극단적인 생각을 하는 건 아니다. 간섭한다고 해서 관계가 바로 깨지는 것도 아니다. 한두 번의 실수는 이해하고 수용될 수 있다. 어찌 보면 '거절당할 용기'가 필요하다는 말일 수도 있다. 이러한 시행착오 끝에 만들어진 친밀한 관계는 '부담 없는' 관계라 한다. 관계에 대해 깊이 생각해본 적이 없다고 했지만, 성용 나름대로 친밀함에 대해 고민한 흔적이 보인다.

　과연 이렇게 고민할 정도로 친밀함이 우리 삶에 필수적이라고 생각하나요?

　친밀함이 꼭 필요하다고 생각하지는 않아요. 왜냐

면, 분명 친밀한 관계없이도 잘 살아가는 사람이 있으니까요. 물론 없으면 많이 힘들긴 하겠죠. 불편하기도 할 거고, 재미도 없을 것 같고요. 친한 관계가 있다면 같이 취미 활동도 즐길 수 있고, 대화할 상대도 생겨서 외롭지 않을 것 같아요. 그러면서 즐거움이 생겼을 때 공유할 수 있다는 장점이 있어요. 단점이라고 한다면 관계 자체를 유지하기 위해 서로 배려를 해야 한다는 점? 상대방의 기준에 따라 제 행동과 대화가 달라지니까 그런 걸 신경 쓰다 보면 스트레스가 쌓이지 않을까 싶네요.

그렇다면 삶에서 중요한 것은 무엇인가요?

저한텐 친밀함보다 제가 하고 싶은 걸 이루는 게 더 중요해요. 무언가 하려고 결정한 것을 관철하는 것이요. 그래서 친밀함이 삶의 정말 중요한 부분이라고 생각하진 않아요.

> 인터뷰를 마치며 성용이 생각하는 '이상적인 친밀함'도 정리해 주었다:
>
> - 서로 부담 갖지 않는 관계
> - 간섭하지 않는 관계
> - 편하게 부탁하고 들어주는 관계
> - 관계를 이어가도 별 탈 없는 관계

- 서로에게 관심 있으면서도 터치하지 못하는 부분이 있음을 이해해주는 관계
- 일상을 부담 없이 공유할 수 있는 관계

성용은 인터뷰가 끝나고 건물 밖으로 나오자마자 큰 숨을 몰아쉬었다. 인터뷰는 처음일뿐더러 두 시간 동안 모르는 사람들과 이야기하려니 기운이 다 빠져나갔다고. 그렇지만 인터뷰하며 친밀감에 대해 새롭게 생각할 수 있게 되어 도움이 되었다고 한다.

'친밀감'이라길래 마냥 친한 관계를 생각하고 인터뷰에 참여했는데, 단순히 친밀한 관계라기보다는 사람과 사람 사이의 깊이에 대해서 더 생각하게 된 것 같아요. 그래서 좋았어요.

성용의 친밀감에는 장단점이 함께 있다. 같이 시간을 보내거나 즐거움을 공유할 수 있어 외롭지 않을 수 있지만, 다른 사람의 기준을 존중하기 위해 그 사람이 싫어하는 행동이나 말버릇을 신경 쓰는 노력은 관계를 유지하는 데 있어서 스트레스이다. 친밀한 관계는 많은 시간과 경험을 통해 조심스럽게 서로의 곁을 내어주면서도 깊게 이해해주는 것이다. 개인적인 부탁을 쉽게 말하고, 또 쉽게 거절하고, 가정사를 농담 섞어 얘기하기도 한다. 서로의 경계선이 없어 보일 수 있지만 오랜 시간 많은 경험 끝에 만들어진 '맞춤형 대화'가 가능한 선이다. 그러나 친밀감과 친밀함, 가까운, 친근한, 친함, 친밀한 관계 등등 명확히 구분하기는 아직은 어려운 말이다. 친

밀감이 우리에게 갖는 의미는 무엇일까? 20대 성용의 이야기는 관계의 선 앞에 있다.

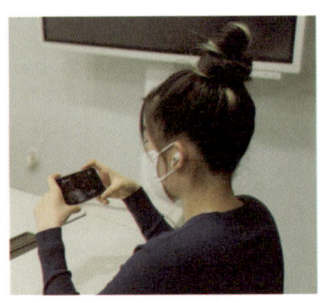

바운더리

친밀한 관계는 무조건 필요하다고 생각해요.
동시에 내가 온전히 쉴 수 있는 나만의 공간과 시간도 중요해요.

인터뷰어/ 안수빈
인터뷰이/ 이유나
(대학생, 20대)

당신의 인생에서 친밀감은 어느 정도로 중요한 요소인가? 친한 관계와 친밀한 관계, 그리고 친밀한 관계의 특수성. 오랜만에 만난 나의 친구 23세 이유나는 친밀감을 '필수적이지만 지속적일 수는 없는 것'으로 정의했다.

안녕하세요. 간단한 자기소개 부탁드립니다.

안녕하세요, 저는 스물세 살 이유나라고 합니다. 누군가에게 질문을 받고, 제 생각을 이야기하는 걸 해보고 싶었는데 마침 친구가 인터뷰를 요청해서 참여하게 되었어요. 오랜만에 연락이 닿은 오래된 친구와 친밀감에 대해 이야기할 수 있어 좋아요. 느낌이 새롭습니다.

인터뷰의 주제는 '친밀감'인데요, 유나 씨에게 친밀감은 어떤 느낌의 단어인가요?

'친밀하다'라는 단어를 잘 안 써서 처음에는 어색했어요. 보통 "나 걔랑 친해."라고 말하지 "걔랑 친밀해."라고는 말하지 않으니까요. 그래서 '친하다'랑 '친밀하다'를 구분하기 어렵겠다고 생각했었어요. 하지만 지금 생각해보니 친밀함은 신뢰를 가지고 서로 일상을 공유하는 관계일 뿐 아니라 육체적으로도 가까운 느낌이에요.

토닥토닥

육체적으로도 가까운 느낌, 친밀한 관계와는 스킨십이 어색하지 않은 걸까요?

제가 스킨십을 좋아하는 편은 아니에요. 하지만 친밀함을 느끼는 사람한테는 스킨십을 하죠. 어떻게 보면 제가 스킨십 하는 것에 거부감을 느끼지 않는 사람이 친밀한 것 같기도 해요.

저는 가장 친밀한 사람을 생각하면 할머니가 가장 먼저 떠올라요. 일하시는 엄마 대신 어렸을 때부터 할머니가 같이 살면서 저를 키워주셨거든요. 집에 있을 때도 그렇고 하루 종일 함께 시간을 많이 보냈어요. 그래서인지 할머니한테는 제가 먼저 치대는 것 같아요. 다른 사람들과는 그렇게 스킨십을 많이 하는 편은 아니지만, 할머니 외에도 동생들이나 친구들한테는 엉덩이를 토닥여요. 말 그대로 토닥토닥, 이건 저만의 애정 표현인데 그 사람들도 그걸 이해해줘요.

토닥토닥이란 말이 따뜻하게 다가오네요. 친밀한 대상에게 스킨십을 잘하는 편이라고 말씀해 주셨는데, 어떤 사람과 친밀하다고 느끼시나요?

친밀하다는 것은 저의 일상을 같이 공유할 수 있는

사람이에요. 저는 잘 맞는 사람이 편해요. 나와 코드가 맞아서 티키타카가 되고, 함께 웃을 수 있는 사람이 좋아요. 그래서 친밀한 사람들과는 내가 오늘 뭘 했고 어떤 걸 먹었는지 등의 사소한 것들을 이야기하기도 하고, 평소에 즐기는 취미라든지 자주 보는 영상들에 대해 거리낌 없이 이야기를 나누기도 해요. 이런 일상적인 부분을 함께 하면서 한 존재로서 살아있는 것을 인정받는다고 말해야 할까요? 네, 그런 것 같아요.

존재로서 살아있는 것을 인정받는다는 표현이 독특한데 조금 덧붙여주시겠어요?

친밀한 사람과 일상적인 부분을 공유할 때 살아있음을 느껴요. 왜냐하면 혼자서도 충분히 밥 먹고 산책할 수 있지만 이런 것들은 같이 했을 때 더 재미있고 추억을 쌓을 수 있잖아요. 그런 부분이 좋죠. 이럴 때면 저는 심리적으로 안정감이나 행복을 느껴요.

그래서 저는 친한 친구들을 만나면 그동안 있었던 일들을 서로 이야기하거나, 정말 단순하게 보드게임을 하기도 하고 맛있는 걸 먹어요. 친밀한 사람들과는 맛있는 걸 자주 먹으러 가는데 그러면서 관계가 발전하기도 하는 것 같아요. 그래서인지 저는 친하지 않다고 느끼는 상대랑은 밥을 잘 안 먹는 것 같아요. '내가 왜 굳이 이 사람과 밥을 먹고 있지?'라는 생각이 들면서 시간이 아깝게 느껴지기도 하거든요.

그렇군요. 최근에 저희가 같이 밥을 먹었던 것도 오버랩되는 것 같네요. 그럼 '존재로서의 삶을 인식시켜주는' 친밀한 사람들과 어떤 과정을 거치면서 친밀해지게 되셨나요?

흔히 친한 사람과 어떻게 친해졌는지 물으면 "우리 어떻게 친해졌지?"라고 되묻잖아요. 저도 비슷하게 과정이 정확하게 기억나지는 않아요. 하지만 제가 생각하는 걸 고민하지 않고 편하게 대화할 수 있는 시점이 오거나, 다른 사람은 궁금해하지 않을 TMI(too much information)를 편하게 이야기하게 되는 것? 그런 이야기를 해도 되는 상대라고 생각하면 친밀하다고 인식하는 것 같아요.

저는 사실 사람을 만났을 때 상대와 제가 친해질 수 있는지 짧은 시간 안에 구분하는 편이에요. 그걸 구분할 수 있는 건 어떤 조건이기보다는 느낌에 가깝죠. 그냥 그 사람이 가지고 있는 분위기나 말투 등에서 나와 잘 맞는지, 그렇지 않은지가 바로 느껴지는 편이에요.

잘 맞는 사람은 어떤 사람인가요?

공유할 수 있는 공통분모가 있는 사람이요. 더 명확히 따지자면 아무래도 제가 관심 있는 분야를 같이 공유하거나 저와 취향이 맞았을 때 친해지기 쉬워요. 저는 유튜브를 많이 보는데, 상대방이 즐겨보는 유튜버를 몇 명만 말해도 '이 사람이 나와 좋아하는 게 겹치는구나.'라든지 나와 스타일이 비슷하다는 걸 쉽게 알 수 있어요. 그리고 어떤 것에 대해 스스럼없이 이야기한다거나, 당당하고 자신감 있는 사람이 좋아요. 인간관계나 어떤 일에 대해 너무 많이 계산하는 사람은 친해지기 어려운 것 같아요. 교류할 수 있고 계산적이지 않은, 좋은 에너지를 가지고 있는 사람이 좋아요.

공통분모

지금까지 대화에서는 공유가 아주 중요한 포인트 같은데요.

맞아요. 공유할 수 있는 공통분모가 없으면 대화가 점점 줄어드는 것 같아요. 제가 무슨 말을 해야 할지도 모르겠고요. 상대방이 제가 아예 모르는 분야나 본인의 사적인 영역에 대해 이야기했을 때 공감은 해 줄 수 있지만 제가 잘 아는 부분이 아니면 흥미를 잘 느끼지 못해요.

유나 씨의 친밀감에서는 공통분모가 중요하게 느껴지는데요. 보통 친밀한 대상을 만나면 어떤 걸 하시나요?

아까 말했듯이 일상적인 이야기를 나눠요. 사실 사람들은 본인의 이야기를 하고 싶어서 만난다고 생각하거든요. 그래서 친구들을 오랜만에 만나면 자연스럽게 이야기를 주고받게 되는 것 같아요. 무슨 TV 프로그램 찍듯이 말이에요. 본인 얘기를 하고 또 다른 사람의 이야기를 들으며 본인 스트레스를 풀고 안정감을 찾는 거죠. 누구를 만나느냐에 따라서 대화 주제는 달라져요.

상대에 따라 대화 주제가 달라지는 건가요?

네. 상대에 따라 그때그때 공감할 수 있는 대화 주제가 있죠. 사람마다 스타일도 달라서 친밀감의 결도 다르고요.

결이 다른 친밀감이라면 아주 다양한 모습이겠네요. 그럼 그들과의 친밀감이 지속된다면 어떤 모습이 될까요?

깊이가 깊어지는 것 같아요. 오래된 친구들을 만나면 각자의 근황에 대해서도 이야기하지만 가장 큰 비중을 차지하는 대화 주제는 우리가 함께 겪었던 옛날 이야기거든요. 함께 기억하는 과거를 떠올리면서 관계가 더 가까워지는 걸 느껴요. 그리고 누군가를 만나면 '이 사람과 만나서 이 얘기를 하고 이런 걸 해야지.'라고 기대하게 되는데 상대방과 새로운 걸 하기보다는 함께 했던 시간을 공유하면서 서로의 결 그대로 더 깊어지는 것 같아요.

혹시 친밀한 사이에서도 공유하지 못하는 게 있나요?

아무리 친한 사이에도 힘들거나 어려운 일은 이야기하지 않아요. 그렇다고 혼자서 마음속에 담아두는 스타일은 전혀 아니라 얘기는 할 수 있어요. 하지만 그 문제가 상대방에게 고민거리가 되거나 마음을 불편하게 할 만한 것들이라면 굳이 이야기하지 않을 것 같아요. 이야기하더라도 일이 다 마무리되거나 어느 정도 마음의 결정을 하고 나서 이야기하는 것 같아요.

저도 굳이 힘든 이야기를 꺼내지 않는 편이라 공감이 되네요, 유나 씨가 힘든 이야기를 하지 않는 이유는 무엇인가요?

가장 큰 이유는 귀찮아서요. 그 문제가 생기기까지의 과정을 일일이 설명하는 게 오히려 더 힘든 것 같아요. 사실 저는 이야기를 잘하는 편이지만 힘든 이야기는 그냥 자연스럽게 안 하게 되는 것 같아요. 상대가 불편할 수도 있고, 말로 내뱉음으로써 그 문제가 더 명확하게 다가오는 느낌이라고 말해야 할까요. 내가 이런 고민을 하고 있다는 것에 대해 인식하면 문제가 더 크게 느껴지고, 거기에 부가적인 스트레스가 따라오는 게 싫어요.

그리고 상대의 이야기를 들을 때에 겉으로는 '오, 그렇겠다.'라고 답하지만 속으로는 언제나 제 선택이 가장 우선이라고 믿는 편이에요. 그 상황을 가장 잘 알고 있는 제가 제 기준에서 가장 적절한 해결책을 내고 선택한다고 생각하니까요. 그래서 굳이 힘든 이야기를 꺼내지 않는 것 같아요.

힘들 때 누군가에게 도움을 청하고 싶은 마음은 안 드나요?

제가 필요하다고 생각하면 충분히 말할 순 있어요. 그리고 누가 먼저 물어보면 이야기해줄 수는 있겠죠. 제가 먼저 이야기하진 않아요. 대신 정말 힘들 때는 제가 좋아하는 아티스트의 영상을 보면서 스트레스를 풀어요.

아티스트의 영상을 보는군요, 유튜브 영상을 보는 건가요?

네, 좋아하는 아티스트의 영상을 볼 때는 스트레스 상황을 잠시 벗어날 수 있기 때문에 저는 그들 또한 저와 굉장히 친밀한 대상이라고 생각해요.

위로의 방식

유튜브 영상으로 접하는 아티스트도 친밀한 대상이라고 생각하는군요. 그와는 앞에서 이야기한 '공유'가 어려운데도 친밀하다고 느끼나요?

 친밀한 대상이 누구냐고 얘기했을 때 보통은 내가 자주 만나거나 가까이 있는 가족과 제일 친한 친구가 떠오르고, 많이 사용하는 물건들도 떠올라요. 물리적 거리는 멀지만 정신적으로 위로를 받고 의지하는 대상이 곁에 있는 사람들보다도 더 친밀한 관계일 수 있겠다고 생각해요.

 제가 좀 스트레스를 받거나 힘든 일이 있거나 위로를 받고 싶을 때 그 문제에 대해 상대에게 얘기를 하지 않으면 위로받기 어렵잖아요. 하지만 아티스트 영상은 굳이 제가 그들에게 상황을 설명하지 않아도 보는 것만으로도 기분이 좋아지고 위로를 받을 수 있어요. 그 순간만큼은 아무 생각을 하지 않아도 되니까요.

 양방향의 교류가 일어나지는 않아도 위로를 받는 과정에서 친밀함을 느낀다고 느껴지는데요.[6]

---

6 이 질문과 대답의 과정에서 '내적 친밀감'이라는 단어가 떠올랐다. 최근 자주 접할 수 있는 '내적 친밀감'은 학술적, 어학적으로 정의되진 않았으나 보통 '자주 접해서 친근하게 느껴지는 마음'이라는 의미를 갖는다. 나의 마음 안에서 일어나는 역동적인 과정인 '친밀감'에 '내적'이라는 단어를 붙여 내 안에서 일어나는 개인적인 감정이라는 뜻을 살렸다. 이는 '내적 친분'이란 단어에서 시작된 것으로 누군가와 함께 만들어가는 친분이란 단어에서 혼자만의 감정인 친밀감으로 변화해왔다.

네 맞아요. 친밀함을 느끼는 대상과 직접적으로 연결되지 않아도 된다고 생각해요. 감정을 교류하지 않아도 제가 일방적으로 친밀한 마음을 느끼고 위로받으면 제 입장에서는 그 대상이 친밀한 거예요. 친밀감은 누군가와 꼭 주고받지 않아도 느낄 수 있거든요.

그렇군요. 그럼 유나 씨의 친밀감에서 가장 중요한 요소는 무엇인가요?

저는 편안함이요. 저는 상대방과 공유하며 친밀함을 느낀다고 말씀드렸었잖아요, 그 과정에서 편안함이 반드시 필요해요. 내가 어떤 이야기를 꺼낼 때 '이걸 얘기할까, 말까.' 고민하지 않고 바로 이야기할 수 있는 상대가 친밀한 상대죠. 어떤 문제나 이야기하고 싶은 것을 이 사람에게 꺼내도 아무런 문제가 되지 않는다거나 전혀 불편하지 않겠다고 생각하는 게 제게 안정과 편안함을 느끼게 해요.

'내적 친밀감'과 '내적 친분', 이 두 단어의 가장 큰 차이점은 개인성이다. 둘 사이에 형성되어야만 하는 친분에서 혼자서도 느낄 수 있는 친밀감으로 변화한 것이다. 이 덕분에 내 주변의 지인뿐만 아니라 말 한마디 나눠보지 않은 연예인에게도 친근함을 느낄 수 있다. 친한 친구의 동생 이야기를 들을 때 "네 동생은 잘 지내? 난 ㅇㅇ이 만난 적도 없는데 거의 사촌 동생 같아. 내적 친밀감 장난 아니잖아."라든지 비대면 수업이 진행될 때는 zoom 화면에 자주 등장하는 수강생들을 친근하게 느끼기도 했고, 매일 지나치는 광고판에 있는 정형외과 의사를 친숙하게 느끼기도 한다.

안정과 편안함이군요. 어떻게 보면 상대에 대한 신뢰가 있어야겠네요.

그렇죠, 무조건 신뢰가 있어야 해요.

바운더리

지금까지 이야기를 들어보니 '바운더리'라는 단어가 떠올라요. 신뢰를 바탕으로 편안한 관계를 맺는 동시에 '나'라는 존재가 관계의 중심에 있는 느낌이라고 말해야 할까요?

맞아요. 나를 중심으로 '이쪽에는 취미를 같이 하는 친구들, 이쪽에는 일을 같이하는 친구들' 나 자신이 다양한 관계 안에 속해 있어요.

나만을 위한 시간이 중요한 거네요.

또한 SNS, 버블(월 일정액을 결제하면 좋아하는 연예인과 소통할 수 있는 어플) 등 소통 창구가 늘어남으로써 연예인과의 내적 친밀감을 쌓는 사람도 많아지고 있다. 내적 친밀감은 어쩌면 나와 자주 접하면서 익숙해지고 친근감을 느끼는 일종의 단순 노출 효과일지도 모른다. 우리 사회는 왜 일방적 친밀감을 쫓게 되었을까. 이를 알아보기 위해 주목할 점은 단어가 급격히 사용된 시기이다. 내적 친밀감이란 단어는 청(소)년 집단의 은어이자 밈으로 사용되기 시작해 코로나19로 인한 사회적 거리두기가 시행됐던 2020년 중반을 기점으로 사용량이 크게 늘었다. 또한 이전에 비해 나의 삶과 선택을 중요하게 생각하는 개인주의 분위기가 내적 친밀

맞아요. 저만의 시간을 침범받는 건 아무리 친밀한 사람이어도 싫어요. 친밀한 관계는 중요하고, 그들과 교류하고 공유하는 건 좋지만 그게 지속적이라면 힘들 것 같아요. 혼자만의 시간도 필요하거든요. 이건 사람과 거리감을 둔다기보다는 '나만의 쉬는 시간'이 필요한 거예요. 나만의 공간과 시간을 통해 충전하는 느낌이거든요.

관계가 불편해질 때가 있나요?

관계를 좋아하고, 다양한 관계 속에 있기 때문에, 저는 저만의 영역과 시간이 필요합니다. 누군가 저의 영역을 침범했을 때 불편함을 느껴요. 그리고 저만의 시간을 방해받고 싶지 않고요. 누군가 침범한다, 내가 방해받는다고 느끼면 상대가 누구더라도 그냥 무시하게 돼요. 어떤 관계든 매너를 갖춰야 한다고 생각해요. 예를 들어 저는 집에 가면 연락을 잘 안 하거든요. 물

감의 사용을 촉발시켰다고 볼 수도 있다. 결국 내적 친밀은 상대방과 만나기 어렵고 관계를 맺기 힘든 시기에 온전히 '나'를 중심으로 형성한 관계망이라고 볼 수 있는 것이다. 대부분의 친밀감은 나와 너, 우리 둘 사이에서 만들어지는 감정이지만, 적어도 현대사회에서는 너와 나, 서로를 알고 있어야만 형성될 수 있는 것은 아니다. 우리가 이야기하고 있는 내적 친밀감은 가장 편안한 동시에 가장 어색한 감정의 하나이다.

론 급하게 받아야 하는 연락은 확인하고 답하지만 나중에 답해도 되는 말들은 굳이 그 시간에 하지는 않아요.

그렇다면 친밀한 관계에서의 매너는 어떤 것인가요?

친밀할수록 예의를 놓치게 될 때가 있어요. 너무 편하다 보니 상대방이 들어서 기분 나빠 할 수 있는 말을 할 수도 있고요. 그래서 친밀한 관계에서는 그만큼 서로 조심하고 배려하는 게 필요한 것 같아요. 오히려 거리감이 있는 사람이라면 선을 지키려고 노력하니 서로 상처받거나 불편한 일이 생기지 않겠지만, 친밀한 사람은 편하기 때문에 상처 주는 경우가 생기는 것 같아요. 친밀해서 말을 막 한다든지, 감정을 가감 없이 드러낼 때 불편하거나 상처를 받기도 하죠. 친밀한 관계에서도 어느 정도의 선을 지켜야 하는 것 같아요. 곁에서 오래 함께하고 싶을수록 그런 부분이 중요하다고 생각하거든요.

유나 씨는 관계를 소중히 여기는 것 같아요. 마지막으로 인터뷰에 참여한 소감을 듣고 싶습니다.

이야기하면서 제 생각도 정리가 되는 것 같아요. 평상시에 나에게 가장 친밀한 대상이 무엇일지 진지하게 고민하는 사람은 거의 없을 거라고 생각해요. 저도 별로 중요하게 생각하지 않았었거든요. 하지만 오늘 인터뷰를 하면서 '내가 이런 부분에서 이런 감정을 느끼는구나.' 라는 생각이 들기도 했고, 그동안의 인간관계에 대해 생각해보는 계기가 되었어요. 동시에 앞으로 더 좋은 관계를 쌓기 위해 내가 어떻게 행동해야 할지 정리되기도 했어요. 관계는 제가 억지로 만들어가는 건 아니니까요. 흘러가는 대로 관계를 두면서 나와 잘 맞는 사람들과 추억을 쌓아가고 싶다는 생각도 드네요.

인터뷰 내용이 어느 정도 정리된 뒤 추가 인터뷰를 위해 유나에게 연락했지만, 연락이 닿지 않았다. 공연 준비로 한창 바쁜 시기인 걸 알고 있었기 때문에 더 이상 연락을 취하진 않았다. 그래도 '인터뷰 때문에 불편한 것이 있었나?'라는 생각이 문득 들었다. 한참 시간이 지난 뒤 유나에게 먼저 연락이 왔다. 공연 준비로 바빴다고 했다. 그리고 흔쾌히 추가 인터뷰에 응해줬다. 이 인터뷰도 우리가 함께한 소중한 경험이 되었다. 나와 추억을 공유하며 친밀감을 유지하는 친구 유나는 그런 만큼 자신을 위한 시간도 중요한 사람이다. 인터뷰를 통해 그걸 더 잘 알게 된 나는 그 친구와의 간격을 유지한다. 우리는 그 간격을 두고 서로를 친밀한 타인으로 마주한다.

Interview
관계를 쌓다

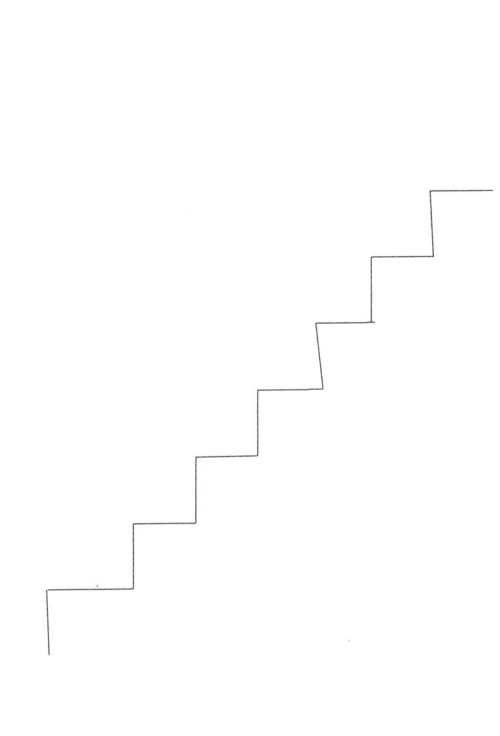

대화로 쌓다

친밀감은 '관심'과 '즐거움'이라고 봐요. 친밀해지기 위해서는 상대방이 말하고 싶어 하는 것은 물론 상대방이 말하지 않는 내면의 모습까지 알 수 있어야 한다고 생각해요.

인터뷰어/ 박초롬
인터뷰이/ 오일
(회사원, 30대)

오일은 IT분야에서 영업과 엔지니어링 업무를 하고 있는 평범한 30대 남성이다. 생각하거나 고민하고, 떠올리는(상상하는) 것을 좋아하고 시끄러운 것보다 조용한 것을 선호한다. 그리고 인간관계에서 가장 중요하다고 생각하는 것은 대화라고 생각한다. 단순하게 이야기를 나누는 행위 자체는 친밀하지 않은 관계에서도 할 수 있다. 하지만, 대화는 '단순히 이야기를 나누는 게 아니라 삶을 공유'하는 거라고 생각한다. 한 사람의 생각은 살면서 쌓인 것이고 그 사람의 전부라고 생각하기 때문에 그 사람에 대해 깊이 알아가려면 대화가 꼭 필요하다. 이러한 과정을 통해 우리는 단순한 호감을 넘어 친밀한 관계로 나아갈 수 있다. 서로 즐겁고 편안하게 거리낌 없이 이야기하고 신뢰하는 것, 그것이 친밀한 관계라고 생각한다.

인터뷰에 응해주셔서 감사해요. 처음 친밀감에 대해 인터뷰하고 싶다고 말씀드렸을 때 어떤 느낌이셨을까요?

사실 평소에 친밀감에 대해 깊이 생각해보지 않았어요. 그냥 막연하게 공통된 관심사를 가진 사람과 만나서 공통된 주제로 이야기하다 보면 친밀한 관계로 발전되는 거 아닐까 생각했지만 명확하게 '친밀감이 무엇이다'라고 정의 내리기는 힘든 것 같아요. 그래서 이 인터뷰가 상당히 흥미로웠고 나름대로 친밀감을 정의해보려고 노력했어요. 나와 관계 맺고 있는 타인과 마음을 나눌 수 있는 감정을 친밀감이라고 봤어요. 상대에 따라 정도나 깊이의 차이가 있어서 그 차이에 따라 얼마나 신뢰할 수 있는지 달라질 것 같고요.

안부 묻기

친밀한 관계를 유지하는 방법이 따로 있을까요?

저는 대화를 많이 하는 게 가장 중요하다고 생각해서 특별한 일이 있든 없든 자주 안부를 묻고 가능하면 만나서 밥도 먹고, 생일이면 작은 선물이라도 챙기려고 해요. 그런 의미에서 요즘은 SNS가 친밀감을 쌓고 유지하는 데 많은 도움을 주는 것 같아요. SNS에 사진을 올리면 부담 없이 댓글이나 메시지로 대화를 나눌 수 있고, 이 사람이 어떤 일을 하는지, 무얼 먹었는지, 어딜 갔는지 등 예전 같으면 만나야만 알 수 있는 것을 만나지 않고도 SNS를 통해서 편하게 알 수 있기 때문에 댓글을 남기거나 메시지를 자주 주고받으면서 관계를 유지하려고 노력해요.

호감

혹시 친밀감을 느끼는데 특별한 과정이 필요할까요?

서로의 공통점을 발견하고 호감을 느끼는 것이 관

계의 시작인 것 같아요. 호감이 있는 사람과 대화를 하면서 어떤 사람인지 파악하고, 더 친밀해지려면 어떤 이야기를 해야겠구나 생각하면서 대화하는 편이에요. 호감을 느끼는 단계에서 서로 더 발전된 이야기를 나눌 수 있다면 그게 친밀해지는 과정이라고 생각해요. 특히 속마음까지 얘기할 수 있어야 친밀한 것이 아닐까 싶어요. 나를 개방하고 노출하는 과정이 필요한 거죠.

자기 개방

친밀해지는 과정에서 자기 개방이 필요하다는 말씀이 인상 깊어요. 친밀감을 나누는 과정에서 오일 씨께서는 어떤 주제들을 다루세요?

살아온 과정에 대한 이야기부터 본인의 가치관에 대한 이야기까지 다양한 주제가 있는 것 같아요. 특히 자기 개방이 필요한 대화 주제는 누군가에게는 민감할 수 있는 정치나 경제 같은 주제가 아닐까 싶어요. 저는 정치나 경제를 주제로 이야기하는 게 참 흥미롭다고 생각하거든요. 하지만 이러한 주제는 의견 차이가 날 수 있기에 친밀하지 않은 관계에서는 쉽게 이야기하지 못하잖아요. 그래서 친밀한 관계일수록 정치, 경제를 주제로 많은 이야기를 나누는 편이에요. "나는 이렇게 생각해.", "나는 이런 부분이 문제라고 봐."라는 식의 이야기를 나누면서 '아, 사람들이 이렇게 생각할 수도 있겠구나.' 하면서 친밀함도 함께 느끼는 것 같아요.

경계 없는 대화

친밀해지는 과정에서 꼭 필요한 질문 중 정치, 경제에 대한 이야기를 나눈다니 좀 더 자세히 듣고 싶어요.

최근에 나눴던 대화 주제는 지지하는 정당에 대한 이야기였어요. 어떤 정당을 지지하고 특히 어떤 정책을 지지하는지에 대한 이야기를 나누었는데 여기까지는 일반적으로 대화할 수 있는 부분이라고 생각해요. 하지만 왜 지지하고 어떠한 계기로 지지하게 되었는지는 친밀한 관계에서나 가능한 깊은 대화라고 생각해요. 어떤 정당을 지지하는지는 언제든지 바뀔 수도 있지만 예민할 수 있는 주제에 대해서 편하게 이야기할 수 있다는 건 '앞으로도 더 깊은 대화를 할 수 있겠다.' 라는 가능성을 두는 것 같아요.

만약 친밀해지는 과정에서 의견이 다르면 친밀해질 수 없을까요?

아니요. 의견은 다를 수 있죠. 저는 의견을 나누는 과정이 중요할 뿐이에요. 서로의 의견이 다를 수 있는 주제이기 때문에 합의된 결과보다는 각기 다른 의견을 나누는 과정이 중요한 거죠. 서로를 포용하고 다를 수 있음을 인지하는 과정이 필요합니다. 이러한 자세가 있어야 앞으로 그 관계에서 다양한 주제로 대화를 나눌 수 있고 더 발전된 관계로 나아갈 수 있다고 생각해요. 이런 과정을 거쳐야 '이 사람과 나는 한 단계 더 친밀해졌구나.'를 느끼게 되죠.

혹시 이러한 경험이 있으신가요?

제가 참여하는 시민단체가 있어요. 다양한 사람이 모여 이야기를 나누는데 이 안에서도 그런 경험을 자주 합니다. 극단적으로 본인 이야기를 주장하는 사람은 다가가기 어려워 최대한 대화를 적게 하려고 해요.

학창 시절 친구들과의 경험도 말할 수 있을 것 같아요. 오랜 친구들인데 만나면 다양한 주제에 대해 자유롭게 대화를 나눠요. 어렸을 때는 이런 정치, 경제 관련 이야기를 나누지 않았지만, 성장하면서 이런 부분에 대해 얘기하고 포용하는 과정을 경험했어요. 일반적으로는 내가 상대에게 이러한 질문을 해도 되는지 고민해보고 대화를 시작하는데 이 친구들과는 부담 없이 이야기를 나누고 조금은 무례하다고 생각하는 질문도 할 수 있어요. 친구들과 격의 없이 이야기를 나누다 보면, 서로 다른 의견과 가치관이 나오기도 하죠. 친구들에게는 오랜 시간 동안 서로 포용하며 쌓인 신뢰 덕분인지, 반대 의견에도 전혀 마음 상하지 않고 오히려 대화를 나누는 순간 자체가 즐거워요.

친구들이 나의 의견에 반하는 신념, 꿈 등을 강력하게 이야기해도 받아들일 수 있으신가요?

네, 받아들일 수 있어요. 근데 조건은 제가 받아들일 수 있듯이 상대도 받아들일 수 있어야 해요. 그 관계는 이미 충분한 신뢰가 쌓였다고 봐야죠. 그래서 친구가 본인의 의견을 강하게 주장한다면 '그럴 수 있지.'라고 충분히 받아들일 수 있을 것 같습니다.

물리적 거리감 < 카톡

친구들하고 이야기를 많이 하시는 것 같아요. 근데 우리가 직장 생활을 하고, 가정을 꾸리고 이러다 보면 학창 시절처럼 자주 만나기는 어려울 것 같아요. 이런 물리적 거리감이 친밀감엔 큰 영향을 미치지 않을까요?

아니요. 물리적 거리, 만나는 횟수 등은 중요하지 않아요. 요즘은 온라인을 통해 더 자주 소통하고 있어요. 코로나19라는 팬데믹 상황도 있고, 해외에 거주하는 친구들도 있어서 온라인으로 소통하는 것이 더 현실적인 만남이 된 것 같아요.

나랑 가장 친밀하다고 느꼈던 대상이 다른 사람과 친밀한 관계를 맺었던 적이 있나요? 있으시다면, 그때 어떤 감정이 들었고 어떤 행동을 취했나요?

있죠, 저는 저와 친한 사람이 제가 아는 사람이든, 모르는 사람이든 간에 친밀한 관계를 맺는 것에 신경을 크게 쓰진 않습니다. 다른 사람과 관계를 맺는다고 해서 나와의 친밀함이 떨어진다고 생각하지 않고, 만약 나와 친밀함이 떨어진다고 해도 친밀하다고 느꼈던 사람의 선택을 존중해요. 다만 나보다 더 친한 사람이 있다는 것에 아쉬움이 생길 수는 있을 것 같아요.

저는 나랑 가장 친밀하다고 느꼈던 사람이 다른 사람과 친해졌다고 하면 그 사람에 대해 어떻게 생각하는지 물어보고 나도 그 사람과 친해지고 싶다고 이야기하며 소개해 달라고 할 것 같아요.

때론 친밀감에서 오는 구속감이 있을 것 같아요. 혹시 그런 경험이 있나요?

아 제가 그런 부분을 좋아해요. 저는 지금 제가 친밀하다고 느끼는 그룹들과 더 오래 함께하고 싶어요. 관계에 대한 애착도 크고 너무 좋기 때문에 제가 관계를 유지하고 싶어서 더욱더 먼저 다가가고 관계의 흐름을 주도하고자 노력해요.

그룹

친밀한 대상을 꼽다 보면 하나의 대상을 떠올리곤 하는데, 선생님은 늘 친밀한 관계를 그룹으로 보는 것 같아요. 혹시 이유가 있을까요?

저는 그룹이 훨씬 더 재밌다는 생각이 들어요. 각각 다른 성향을 가진 친구들이 모여서 다양한 주제로 이야기 나눌 때 전 더 즐겁고 좋더라고요. 그룹 내에서도 내가 친밀함을 더 느끼는 사람을 순위 매길 순 있지만, '굳이 순위를 매겨야 하나?' 라는 생각이 들어요. 서로 거리낌 없이 나누는 대화 자체가 즐거워요. 오히려 일대일 대화는 상대에게 맞춰야 할 뿐만 아니라 쑥스러운데 다수가 함께할 때는 편안하고 재밌어요.

사귀는 사람이 있을 때는 혹시 그 개인이 제일 친밀하다고 느꼈을까요?

사귈 당시에는 연인을 더 우선시했고, 시간과 에너지를 더 많이 쓰기도 했지만, 저에게 친밀한 관계의 깊이는 친구들이나 사귀는 사람이나 동일해요. 친밀감의 형태는 연인과 친구들에게서 다르게 나타나겠지만, 친밀감의 깊이는 비교할 수 없어요. 둘 다 너무 소중해요. 사람은 사회적 동물이잖아요. 가족 내에서도, 직장에서도, 그리고 일상생활에서도 우린 다양한 사람을 마주하고 대화해요. 수많은 사람들과의 관계에서도 유독 친밀하다고 느끼는 소수의 대상, 그건 친구들이에요. 서로 격의 없이 대화하며 신뢰를 바탕으로 즐거움을 나누는 친구들, 저의 친밀감은 그거예요.

마지막으로 오일 씨께서 정의하는 친밀감이란 무엇인가요?

서로 즐겁게 자유롭게 이야기할 수 있고 그 과정 자체로 편안하고 신뢰가 느껴지는 관계가 친밀한 관계가 아닐까요. 친밀감을 쌓아가기 위해서 가장 중요한 것은 대화고요. 상대방을 파악하고 서로의 다른 점을 포용해 오래갈 수 있는 친밀한 관계를 만들려면 대화가 필수인 것 같아요. 예민한 질문을 하더라도 신뢰가 바탕을 이루고 있으면 마음속 깊은 대화를 할 수 있고 친밀감은 자연스럽게 쌓이는 것 같습니다. 평소에 주의 깊이 생각해보지 않았던 주제라 막연했지만, 어쩌면 내가 가장 편하게 말할 수 있는 감정인 친밀감을 주제로 이야기하니 즐거웠어요.

4년째 연애 중

관계는 양면적이에요. 관심이 구속될 때도 있죠. 저는 관계의 균형을 저항으로 맞춰요.

인터뷰어/ 홍경
인터뷰이/ 김찬유
(대학생, 20대)

우리는 친밀한 관계에서 깊은 감정을 주고받는다. 호감보다는 '더' 깊지만 '더'가 얼마만큼 인지 쉽게 정의하긴 어렵다. 인터뷰를 통해 친밀감에 대해 묻고 답하며 이제까지 생각해보지 못한 감정에 다가가는 시간을 가졌다. 이번 인터뷰에 응한 김찬유는 20대 대학생이며, 장난치길 좋아하고 잘 웃는다. 즐겁고 행복한 것은 자기 삶에 활력을 불어넣어 주며 살아가는 데 필수적이라고 말한다. 즐거움을 주는 관계를 이야기할 때 여자친구와 친구를 떠올렸는데 특히 여자친구를 소개할 때는 '즐거움' 뿐 아니라 '안정', '만족감'과 같은 감정을 드러내며 가장 친밀한 관계로 꼽기도 했다.

여자친구는 찬유 씨의 사소한 자랑을 들어주고, 감정적으로 지지해준다. 찬유 씨는 인터뷰를 준비하며 여자친구에게도 친밀감에 대해 질문을 해보았다고 한다. '여자친구가 재밌어하는 모습을 보았다.'라고 말하며 웃는 모습에서, 둘 사이에 재미있는 대화 주제가 생긴 것 같다. 20대 연인의 시시콜콜한 이야기를 담았다.

거리낌 없는 대상

안녕하세요, 이번 인터뷰에 응해주셔서 감사합니다. 간단하게 자기소개 부탁드려도 될까요?

안녕하세요. 저는 유아교육과 2학년에 재학 중인 스물세 살 김찬유라고 합니다.

친밀감이라는 말을 들었을 때 떠오르는 생각이 있으신가요?

친밀감이라고 하면, 내가 이 사람과 얼마나 함께 있을 수 있는지 생각하게 돼요. 아니면 대화를 했을 때 거리낌이 없다? 갑자기 만나게 되었을 때도 거리낌 없이 솔직해지는 관계요. 친한 사람과는 경계가 없어지는 것 같아요.

거리낌 없이 상대를 대할 때 하는 자신만의 행동이 있을까요?

저는 장난을 좋아하는 편이라, 보통 말하면서 상대를 가볍게 놀리는 편이에요. 그런 장난을 주고받다 보면 분위기도 편해지고 어떤 말은 해도 되고 어떤 말은 하면 안 되는지 파악할 수 있게 되더라고요. 물론 아무한테나 장난치는 건 아니고, 어느 정도 친해진 사이에서 장난치죠.

그럼 그런 친밀감을 가진 대상이 주변에 있나요?

일단은 여자친구랑, 고등학교 때 친해졌던 친구들, 그리고 대학 와서 친해진 친구들 몇 명이요. 가장 친밀한 대상은 여자친구이고요.

여자친구와 다른 친구들과의 친밀함이 다른가요?

동성 친구들은 서로의 취향을 공유하면서 가끔 자존심을 건드리는 말도 재미있게 넘길 수 있는 관계예요. 반면에 여자친구는 서로 같이 있으면 그냥 일상적인 얘기를 주고받더라도 저에게 안정감을 줘요. 가족이랑 좀 다른 느낌으로 안정감을 주는 존재고요. 친구들과는 같이 있으면 재미를 더 느끼고 여자친구와는 같이 있으면 안정감을 더 느껴요. 여자친구랑은 서로 기대고 의지할 수 있거든요. 친구들은 제가 어디서 상을 탔다 하면 공감보다는 "오, 그래서 뭐 먹을래?"라며 대수롭지 않게 넘길 때가 많거든요. 그런데 여자친구는 진심으로 공감해주고 축하해줘요. 이런 부분에서 제 일상이 풍부해지고, 정서적으로 지지받는 느낌이라고맙죠. 그리고 여자친구와는 제 부족한 부분에 대해서도 솔직하게 나눌 수 있다는 게 친구들이랑 다른 것 같아요. 친구와는 굳이 그런 이야기를 안 하거든요.

여자친구

어떻게 친해지게 되었나요?

처음에는 우연히 번호를 물어봐서 연락하게 되었어요. 그런데 알고 보니 같은 고등학교 선배였고, 어린이집 교사라는 직업도 저랑 비슷한 거예요. 약간 운명이었다고 생각해요. 서로 공통점도 있고 관심사도 비슷하니 말이 잘 통했어요. 이틀 만에 사귀게 되었죠. 연애 초에는 서로의 관심사에 대한 대화를 많이 나눴어요. 고등학교 선생님 중에 둘 다 알고 있는 선생님을 찾아보거나, 유아교육 관련 주제로 대화를 하다 보니 서로 공감하는 부분이 많다는 걸 알게 되면서 그때 더 친밀해진 것 같아요. 저는 동질감을 느낄 때 친밀함을 느끼는 것 같아요. 그렇게 1년 반쯤 지나니까 서로 편하게 반말도 하고, 우리끼리만 알 수 있는 표현들이 생기기도 하면서 자연스러워졌어요. 서로 좋아하는 것, 싫어하는 것도 알게 되면서 더 친해졌죠.

데이트는 어떻게 하세요?

저는 학교 끝나면 거의 자유시간인데, 여자친구는 퇴근 후에도 일할 때가 있어요. 서로 사는 곳이 비슷하니 보통은 그 근처에서 만나서 밥을 먹고 카페에 가고 집에 데려다주면서 같이 시간을 보내요. 주말엔 시간이 더 많으니 영화를 보기도 하고 카페나 피시방에 함께 가기도 해요. 피시방에 가면 저는 게임하고, 여자친구는 어린이집에서 쓸 교구를 만들기 위해 가위질도 하면서 그렇게 함께 붙어 있어요.

함께하는 게 좋은 거겠죠? 여자친구는 게임하러 온 것도 아닌데, 굳이 PC방에서 일할 필요는 없잖아요.

맞아요. 같이 게임을 하거나 함께 같은 일을 하는 건 아니지만 함께 있는 시간이 좋아요. 같이 이야기 나누면서 각자의 일을 하는 것도 좋고, 그래서 더 재미있게 할 수 있는 것도 같고요.

사귀면서 특별히 친밀해진 계기가 있을까요?

게임을 전혀 안 하던 여자친구가 제가 게임 하는 걸 보고 "같이 해 볼까?"라고 얘기를 해줬을 때요. 한 번도 안 해본, 재미없을지도 모르는 것을 "같이 해보자."라고 말하더라고요. 나와 함께하고 싶은 마음이 느껴졌고, 저를 맞춰주고, 챙겨주고, 생각해주는 것 같았어요.

그게 찬유 씨에게 어떤 의미인가요?

제가 좋아하는 사람이 제가 좋아하는 걸 함께 하려는 마음을 갖는 것 자체가 엄청난 의미가 있죠.

찬유 씨는 그럼 어떤 노력을 하세요?

연애 초에 가장 많이 노력했던 것 같아요. 둘이 카페에 갔는데, 음료도 다 마시고 할 얘기도 떨어져서 너무 지루했었던 적이 있어요. 앉아만 있기에는 지루하잖아요. 저는 몸을 움직이거나 나가서 기분전환도 하고 싶었는데, 여자친구는 같이 있기만 해도 좋다고 하더라고요. 그 기대에 부응하기 위해 노력을 많이 했죠. 예를 들면 오래 앉아있기요. (웃음) 또 여자친구가 잔업이 있을 때가 있는데, 가위질이나 뭐 만드는 것도 많이 도와주고 그랬죠. 그래야 빨리 놀 수 있으니까요. 지금은 여자친구가 힘들어할 때 옆에서 이야기도 많이 들어주고, 같이 어떤 대상에 대해 흉을 보기도 해요. 귀에 딱지 앉게 들었어도 계속 들어줘요. 이것도 노력인 것 같아요.

거의 4년째 연애 중인데, 여자친구와의 관계가 삶에 어떤 영향을 주나요?

제가 혼자 생각하고 견뎌야 할 힘든 일이나, 자랑하고 싶은 기쁜 일을 여자친구와 나눌 수 있는 게 정말 큰 의미가 있죠. 솔직히 주변 친구들한테 자랑하면 반응이 별로 없지만 여자친구는 다르죠. 정서적으로 지지해주고, 공감해주고 그러니까 더 편하게 말할 수 있는 것 같아요. 기분도 좋고요.

둘 사이에 반드시 지켜야 하는 규칙이나 공통으로 가진 가치관, 삶의 태도 같은 게 있을까요?

여자친구가 가장 중요하게 생각하는 건 꼬박꼬박

연락을 주고받는 것이라 그 부분은 제가 맞춰가는 편이고요. 둘에게 모두 중요한 건 예의를 지키는 거예요. 지킬 건 지켜야 한다는 편이라 예를 들어 식당에서 밥을 먹을 때나 무언가 주고받을 때 "감사합니다." 하고 말하는 것이나 쓰레기는 쓰레기통에 버리는 것처럼 기본을 지키려는 태도를 항상 가지고 있어요. 여자친구가 저보다 4살 많기도 해서 배울 점도 많다고 느끼고 있어요. 주변 사람들에게 친절하고 예의를 갖추는 모습을 보면 제 가치관과 같다고 느껴져요.

아까 서로 비슷해져 가는 과정에서 친밀감을 느낀다고 했는데, 서로 닮은 부분이 있나요?

점점 닮아가는 것 같아요. 여자친구가 말할 때 사용하는 손동작이나, 버릇이 재미있어서 따라 하곤 해요. 예를 들어 말하기 전에 머리를 만지작거린다든지 하는 거요. 어느새 따라 하고 있더라고요.

그럴 때 어떤 느낌이 드나요?

무슨 감정이 느껴지냐면, 많이 좋아하고 있구나. 서로 좋아하고 있구나. 서로 따라 하고 싶구나. 그런 감정이죠. 서로 닮은 점을 이야기할 때 상대방에게서 자기 모습을 찾아가는 게 저에게 정말 특별하다고 생각해요. 어떻게 보면 내 앞에 있는 누군가와 계속 모르는 상태로 끝날 수도 있잖아요. 그래서 누군가와 친해지고, 친해진 두 사람이 서로 닮아간다는 것이 더 특별하게 느껴져요. 여자친구와 제가 서로 닮아가는 것도 여자친구가 무의식적으로 절 의식하고, 여자친구의 마음 속에 나의 공간이 생겼다는 것 같아서 더 특별한 것 같아요.

그렇다면 여자친구에게 다른 사람들과 비교할 수 없는 어떤 메리트가 있을까요?

다른 사람과는 비교할 수 없을 정도로 편안하죠. 안정적이고. 지금까지 저희 이야기가 쌓여온 것이니까요.

4년이면 거의 천 오백일을 향해 가고 있는 건데, 이 관계를 이어 나가는 데 도움이 된 것들이 있을까요?

음, 일단 저는 확신을 주는 말을 써요. 다툰 뒤 이야기할 때 "싸우자고 하는 말이 아니야.", "헤어지고 싶지 않아서 얘기하는 거야." 등의 말을 덧붙여서 여자친구가 저한테 확신을 갖게 하고 그때그때 풀려고 노력해요. 꼬박꼬박 연락하기, 뭔가 중요한 일이 있다면 서로에게 가장 먼저 알려주기 같은 것도 도움이 돼요. 아, 그리고 저희는 주말은 무조건 같이 보내요. 서로

질투가 심하기도 하고, 각자 맞춰가야 할 게 많다 보니 초반에는 조금 구속감이 있었어요. 하지만 이런 규칙들이 모여서 저랑 여자친구의 관계를 돈독하게 만들어주었다고 생각해요. 제게 특별한 대상인 여자친구의 1순위에 제가 들어간다는 게 특별한 느낌이기도 하고요.

구속감이 사실 되게 양면적이잖아요. 구속이냐, 관심이냐는 한 끗 차이니까요. 그 둘 사이를 어떻게 조절하시나요?

그 균형을 저는 저항으로 맞춰요. 저번에 다른 이성친구랑 연락을 하나 딱 주고받았었어요. 별일 아니라서 얘기를 안 하고 있다가 그걸 여자친구가 보게 되었는데, "뭐야, 이게 뭐야?" 이러면서 되게 심각해진 거에요. 그래서 내가 설명했는데 왜 안 믿냐고 저항한 적이 있었어요.

그러면 구속감이 좀 줄어드는지?

그렇죠. 제가 그렇게까지 저항한다면요. 여자친구가 조금은 서운해하지만, 결국엔 안 하니까요.

> 4년 전만 해도 남이었던 두 사람이 이제는 둘도 없는 친구이자 연인으로 서로를 감싸준다. 찬유 씨에게 여자친구는 삶의 활력소라고 할 정도로 없어서는 안 될

존재가 되었다고 한다. 마치 주유소처럼, 살아가면서 종종 힘이 들 때나 지쳤을 때 에너지를 공급받는 것이다. 서로 비슷해져 간다는 느낌에서 비롯된 안정감과 정서적 지지, 풍부한 감정의 공유가 찬유 씨의 연애에서 중요한 역할인 것처럼 보인다. 이 둘은 이런 편안하고 안정적인 관계를 위해 무던히 노력했다. 처음에는 몰랐던 대상에 대해 알아가는 설렘이라는 감정이, 어느 정도 지난 뒤에는 축적된 시간에서 비롯된 동질감과 유대감이라는 감정이 관계에 힘을 주는 매개체가 된다. 이들의 친밀감은 어떻게 더욱 깊어질 수 있었을까?

트라우마와 콤플렉스

인터뷰를 진행하면서, 친밀감에 대해 다시 정의해본다면?

친밀감이란 단어 자체가 아주 광범위하다고 생각했어요. 아직도 그렇게 느끼고 있고. 저의 기준에서 정의를 내려 보자면, 친밀감은 상대방과 내가 서로 어느 정도의 공통점을 가지고 있는가, 어느 정도까지 알고 있는가. 이런 부분이 친밀감과 가장 가깝다고 생각합니다.

어느 정도까지 알아야 친밀하다고 얘기할 수 있어요?

일단 공감대가 있어야 하고, 가치관이 맞아야 해요. 서로 기본적인 건 알고 있어야 하고요. 예를 들어 좋아하는 음식이나, 싫어하는 것들요. 그리고 평소에 잘 꺼내지 않는, 누구에게나 쉽게 하지 않는 자신의 진지한 이야기를 할 수 있어야 해요.

아까 장난치는 것을 좋아한다고 했는데, 장난에도 수위가 있나요?

너무 짓궂은 장난을 치면 여자친구가 거세게 저항하죠. (웃음) 정말 심심할 때 아니면 안 해요. 웃으면서 서로 살쪘다고 놀리는 것 정도? 연애하면서 둘 다 몸무게가 늘었거든요. 찌는 걸 같이 봐와서, 딱히 충격은 없어요. 그래서 재미있게 서로 놀릴 수 있죠.

이것도 서로 동질감을 느끼게 해주는 것 같아요.

그렇죠. 그런데 진짜 콤플렉스라고 여기는 곳을 건들면 기분이 나쁘죠. 저는 개인적으로 상체에 살찌는 게 엄청 스트레스라, 누가 그 살찐 곳을 만지는 걸 정말 싫어해요.

여자친구가 만지면요?

그래도 여자친구가 그러면 괜찮아요. 싫을 때 하지 말라고 편하게 말할 수 있고, 하지 말라고 하면 안 하니까요.

여자친구와 콤플렉스나 트라우마를 나눈 적이 있나요?

1년 차에 술 마시면서 서로 그런 이야기를 했었던 적이 있어요. 어떤 일인지는 여기서 이야기할 수 없지만, 예전에 있었던 일인데, 여자친구도 비슷한 일을 겪어서인지 서로 공감이 많이 되었어요. 뭔가 이 사람 자체에 더 몰입되고 공감되는 느낌이랄까. 이 경험을 나눔으로써 서로에게 가까워졌다고 생각해요. 지금까지 아무한테도 이야기한 적이 없었던 걸 여자친구에게 털어놓은 것이니까요.

어떻게 그럴 수 있었나요?

음, 아무래도 저와 닮은 부분이 많아 보여서, 자연스럽게 서로가 공감을 주고받다 보니 그렇게 된 것 같아요.

여자친구에 대해 신뢰가 깊은 것 같은데 관계가 깨지는 것에 대한 두려움은 없나요?

있죠. 그렇지만 지금은 헤어지지 않을 거란 믿음이 더 큽니다. 서로 이성 관계에 대한 규칙이나 연락 빈도를 맞춰가면서 많이 싸우기도 했어요. 4년이라는 시간 동안 적응한 건지, 제가 잘못해도 떠나지 않는 걸 보고 믿음이 생겼어요. 일단 결정적으로 제 군입대와 전역을 기다려주기도 했고요. 이제는 저도 헤어질 마음이 없으니까 계속 가지 않을까 싶네요.

이제 인터뷰를 마무리할게요. 친밀감에 대해 이야기 나눠봤는데 소감 부탁드려요.

일상적으로, 친밀감이라는 단어 자체는 익숙한데 뜻을 깊게 파고들려고 해 본 적은 없었어요. 그냥 친한 정도의 표현이 아닌가 단순하게 생각했었는데, 다시 생각해보니 그 친한 정도를 정확히 어떻게 표현해야 할지 고민이 많이 되었어요.

> 연인관계와 그렇지 않은 관계가 친밀감에서 어떤 차이를 보일까? 이번 인터뷰에서 찬유 씨는 다른 동성 친구와의 친밀감을 소개할 때보다 여자친구와의 친밀감을 설명할 때 훨씬 다채로운 언어들을 사용했다. 누구보다 깊고 넓은 주제가 공유된다고 이야기한다. 4년 동안 사귀면서 쌓아온 둘의 이야기는 둘만의 것이다. 지금 김찬유를 제일 잘 아는 사람은 여자친구이지 않을까?[7]

---

7 이들은 2023년 3월 헤어졌다.

가장 가까운 원거리 부부

친밀감은 시간과 존중, 신뢰가 필요하며, 물리적 공간도 초월한다.

인터뷰어/ 고청훈, 문해화
인터뷰이/ 박장웅(김 양식업, 30대)
최한별(장애인 국제연대, 30대)

'친밀감'. 낯익고 친숙하다. 하지만 일상에서 말로 내뱉기에는 어딘지 모르게 낯설고 어색하다. '친밀'이라는 단어는 일상의 대화에서 직접 사용하지 않고, 다양한 말과 행동을 은유적으로 표현한다. '친하다'와 '사랑한다'는 말을 쑥스러움 없이 주고받는 사이일지라도 마찬가지다. 은유적 표현으로 상대가 오해하거나 잘못 이해할 수도 있지만 그럼에도 불구하고 직접 전하지 않는다. 굳이 표현하지 않아도 느낄 수 있기 때문일까? 마치 영화 <헤어질 결심>에서 사랑이라는 단어가 한 번도 나오지 않음에도 불구하고, 주인공들의 말과 행동을 통해 사랑을 느끼듯이, 친밀감도 직접 이야기하지 않아도 충분히 느낄 수 있기 때문일까?

이러한 궁금증으로 사랑하는 사람들은 일상에서 '친밀감'을 어떻게 표현하고, 어떻게 받아들이고 있는지, 그리고 '친밀감'이 일상에 어떠한 영향을 미치는지 알아보고자 인터뷰를 진행했다.

인터뷰에 응해주셔서 고맙습니다. 먼저 간단한 자기소개 부탁드릴게요.

박장웅: 안녕하세요. 저는 박장웅이고 올해 38살입니다. 김 양식업을 하고 있고, 일 년 중 절반은 경기도 부천에서 살고, 나머지 절반은 전라남도 고흥에서 살고 있습니다. 한별이와 결혼한 지는 한 달 반 정도 됐습니다.

최한별: 안녕하세요. 저는 36살 최한별입니다. 장애계의 국제 연대 관련 업무를 하고 있고, 부천에서 살고 있습니다.

두 분의 첫 만남이 궁금합니다.

박장웅: 저희는 2016년에 '술독'이라는 낭독 모임에서 처음 만났어요. 장애인과 함께 희곡을 읽고 공연을 하는 모임인데 거기서 한별이를 처음 만났을 때 낭독을 너무 잘해서 놀랐습니다. 저는 연기 전공자였는데, 한별이는 전공하지도 않았는데 연기를 너무 잘하니까 눈에 확 띄더라고요. 그때 호감도가 올라가면서 반했던 것 같아요. 그렇게 만나 연인으로 발전해서 어느덧 햇수로 7년이 되었고, 올해 결혼까지 했습니다.

이번 인터뷰 주제가 '친밀감'인데요. '친밀감'이란 무엇이라 생각하나요?

박장웅: 저는 '친밀감' 하면 가족과 친구가 생각나요. 제가 친밀감을 느끼는 가족과 친구와는 상당히 가깝게 지내거든요. 제 인간관계의 스펙트럼이 넓지 않은 편인데 진짜 친하게 지내는 사람과는 많은 것을 공유하고 있어서 '친밀감' 하니까 가족과 친구가 떠올랐습니다. 저에게 가족은 애틋한 존재라서 가족이라는

단어만 들어도 친밀감이 느껴지는 것 같아요.

　　최한별: 저는 친밀감이라고 했을 때 가장 먼저 크리스마스 이미지가 생각났어요. 크리스마스에는 트리 장식도 있고 밖은 춥지만, 집안은 밝고 따뜻하잖아요. 선물이 많은 날이고 서로에게 좋은 말만 하는 기분 좋은 날이고요. 때로는 누군가의 낯선 이야기로 사소한 다툼이 벌어지려고 할 때 밝은 분위기로 무마되는 그런 광경이 떠올랐어요.

　　박장웅: 갑자기 장난이라는 단어도 떠오르네요. 저는 덜 친하면 아주 예의 바르게 행동하고, 친밀감을 느끼는 상대에게는 장난을 잘 치는 편이거든요.

　　최한별: 그래서 제가 좀 힘든 것 같아요. 그 장난을 다 받아줘야 하니까. (하하)

　　박장웅: 저는 고등학교 친구들 사이에서 아주 진지한 친구로 평가받거든요. 자기 검열을 많이 하는 스타일인데, 그때도 자기 검열을 하고 선을 되게 지켰던 것 같아요. 내가 예의를 갖추고 선을 지키면서 상대도 선을 넘지 않기를 바라는 거죠. 그리고 걱정이 많아서 '저 사람이 나를 어떻게 보고 있지?', '저 사람은 나를 어떻게 생각하지?' 이런 걸로 스트레스를 많이 받다

보니까 완전히 친해지지 않으면 거리를 두게 되더라고요. 그런데 친밀한 사람들 앞에서는 그게 많이 무너지는 것 같아요. 제가 애교가 많은 편인데 상대가 누구냐에 따라 그 애교의 느낌이 좀 달라지거든요. 친밀한 사람과 있으면 저도 모르게 생떼 쓰는 경우도 있고, 좀 가벼운 사람이 되는 것 같아요.

최한별: 보통 선 넘었다 하는 기준이 사람마다 다른데 장웅 오빠는 그 기준이 높은 것 같아요. 저는 오히려 기준이 낮거든요.

두 분 이야기가 재미있네요. 장웅 씨에게 친밀감은 가족과 친구, 장난을 떠올리게 하고, 한별 씨에게는 특별함, 따뜻함 같은 느낌을 들게 하는군요. 서로는 어떨 때 친밀감을 느끼나요?

최한별: 제가 약간 실수하거나 TV에 나온 장면을 따라 하면 저 스스로 약간 민망할 때가 있어요. 그때 이 사람이 절 웃으며 바라보고 있을 때 친밀감이 느껴져요. 나는 민망한데 그런 모습을 너무 사랑스럽게 보고 귀엽다고 이야기해주니까, '이래도 되는구나.' 싶어요. 내가 예쁜 모습만, 갖춰진 모습만 보여주지 않아도 오빠는 나를 충분히 매력적으로 보고 있는 게 느껴질 때 친밀감을 느낍니다.

박장웅: 그 부분은 오히려 제가 하고 싶었던 이야기예요. 한별이는 저한테 '잘 생겼다.'라는 말을 정말 자주 하는데 한별이가 제게 '잘 생겼다.'라고 하면 겉으로 표현하진 않지만 속으로는 되게 좋거든요. (하하) 아마 제 예전 직업이 연기자여서 주목받고 칭찬받는 걸 좋아했었고 잘 생겼다는 칭찬을 좋아해서 더 그런지 모르겠지만요. 그 말을 들으면 끝없는 칭찬을 받는 느낌이고, 언제든 나를 무한히 지지해줄 것 같은 느낌이라 더 좋은 것 같아요. 또 잘한다고 칭찬받으면 되게 좋더라고요. 제가 대단한 사람이라고 생각하는 한별이로부터 인정받고 칭찬받는 거라 되게 존중받는 느낌이 들어요. (하하)

최한별: 친밀감을 느끼는 순간이 또 있어요. 같이 늦잠 자고 눈을 떴을 때 침대에서 서로 안아 주고 누워있으면 굉장히 편안한데 전에는 느껴보지 못했던 감각인 것 같아요. 저는 안정감과 편안함을 느껴본 적이 별로 없는데 오빠랑 그러고 있을 때 굉장히 안정감을 느끼고 좋거든요.

사랑스럽게 바라보는 눈빛과 '잘 생겼다'라는 말들이 상대방에게 친밀감을 나타내려고 일부러 하는 표현은 아니고 일상적으로 하는 말과 행동이잖아요. 혹시 상대방이 가깝게 느껴지는 둘만의 표현이 또 있을까요?

최한별: 저희는 섹슈얼한 농담이나 스킨십을 하는 편인데, 제가 신체를 만지거나 꼬집으면 오빠가 반격을 하고 서로 티격태격하거든요. 이렇게 장난을 칠 때 상처받고 기분 나빠질 수도 있잖아요. 저희는 그러지 않으면서 장난을 치는 저희만 통하는 문법이 생긴 것 같아요. 가족들과도 스킨십이 많은 편이 아니고 다른 사람 신체를 건드리는 장난을 전혀 안 하거든요. 엄마하고는 스킨십도 하고 무릎을 베고 누워있기도 해요. 그런데 아빠랑 여동생과 스킨십을 한다고 생각하면 뭔가 어색해요.

박장웅: 저희 가족은 모두 스킨십이 많아서 어렸을 때부터 익숙한 것 같아요. 그래서 제가 사랑하는 사람에게는 스킨십을 많이 하게 되더라고요. 또 스킨십을 하면 안정감이 느껴져요. 저희 집은 TV를 볼 때 서로 붙어서 봐요. 아주 딱 붙어 있는 건 아니고 상당히 가까이 있어요. 지금도 아빠, 엄마랑은 포옹도 자주 하고, 팔다리, 어깨 등도 주무르며 자주 스킨십을 해요. 누나들과도 TV를 볼 때 가까이 붙어서 봐요.

최한별: 우리 가족은 집에서도 거리두기하고 있는 것 같은데…. 장웅 오빠랑 스킨십을 많이 하고 좋아하니까 때로는 가족들과도 살을 부대끼고 싶다는 생각이 들기도 하는데요. 지금까지 그렇게 지내지 않아서 약

간 민망할 것 같아 잘 안되더라고요.

 가족과의 스킨십은 둘이 거의 반대네요. 그래도 둘에게 스킨십은 친밀감에 굉장히 중요한 요소인 것 같아요. 장웅 씨의 일 때문에 일 년에 6개월 정도 떨어져 지내야 하면 스킨십을 할 수 없으니까 친밀감에도 영향을 주지 않을지 궁금하네요.

 최한별: 네. 저희는 장웅 오빠의 직업으로 인해 6개월 정도 떨어져 있어요. 그래서 처음에는 걱정했거든요. 6개월 동안 한 달에 2~3일 정도 제가 고흥으로 내려가거나 아니면 오빠가 오는데 함께 있는 시간이 길지 않으니 정말 걱정을 많이 했죠. 그런데 2년을 그렇게 지냈는데 생각보다 우리 관계에 큰 영향을 미치지 않더라고요. 신기할 정도로. 스킨십이 중요하긴 해도, 친밀감에 영향을 미치는 큰 변수는 아닌 것 같아요.

 박장웅: 떨어져 있어서 어쩔 수 없이 스킨십을 못하는 상황과 같이 있을 때 못하는 건 다른 것 같아요. 떨어져 있으면 하고 싶어도 못하니까 그냥 어쩔 수 없이 넘어가는 상황인 거고, 같이 있을 때도 못한다면 그건 서운할 것 같아요. 저는 스킨십을 거부당하면 상처 많이 받을 것 같아요.

 최한별: 최근에는 섹스리스 부부에 관해서도 매체에

서 솔직하게 다루는 것 같은데요. 저도 거부당하면 서운할 것 같아요. 저희 부부는 손을 잡는다거나 어깨를 기대는 정도의 가벼운 스킨십도 좋아하는 편이거든요. 멀리 떨어져 있을 때는 못하지만 같이 있을 때 그 정도의 스킨십을 서로 주고받는 것만으로도 저희는 만족스러운 것 같아요.

저도 공감해요. 저는 남편 무릎에 앉는 걸 굉장히 좋아하거든요. 집에 있을 때도 의자가 있음에도 남편 품에 파고 들어가서 무릎에 앉거든요. 항상 받아들여졌으면 좋겠는데 남편도 덥거나 피곤할 때는 귀찮으니까 거부하기도 하거든요. 그럼 싫죠. 나는 그런 내 행동이 수용될 때 친밀감을 많이 느끼는데 거부당하니까.

박장웅: 잠자리에 들면 보통 한별이가 먼저 잠이 들거든요. 그럼 제가 잠들기 전까지 한별이의 신체 부위 어디든 닿고 싶어 해요. 한별이가 등을 돌린 채 잠들면 제가 손을 뻗어서 손을 닿게 하죠. 잠들고 난 후에는 떨어질 수도 있지만 잠들기 전에는 항상 그렇게 해요.

우리도 그렇게 하고 잠들곤 하는데 잠결에 손을 빼는 게 아니라, 뿌리치기도 하더라고요. (하하) 옆으로 던지는 거죠. 그럼 서운하기도 하고, 거리감이 느껴지기도 하거든요. 혹시 두 분도 친밀하기 때문에 거리감을 느꼈던 적은 없었나요?

최한별: 기본적으로 오빠와 애정이 강하다 보니 잔소리를 해도 관계에 영향을 미치지 않는 것 같아서 그런 적은 없었던 것 같은데요.

박장웅: 저는 있습니다.

최한별: 사랑을 느낀 순간은 오래 고민하더니 거리감을 느낀 순간은 바로 나오네요.

박장웅: 한별이가 저한테 가끔 매정하게 거절할 때가 있어요. 가령 친한 친구를 같이 만나러 가자고 하는데, 바쁘다고 단호하게 거절하면 서운한 느낌이 들어요. 가끔 "오빠 지금 내가 이러저러하니까 나중에 하자."라고 자기 상태를 이야기하며 거절하면 괜찮은데, "별로 안 듣고 싶은데."라는 말투로 딱 끊어서 거절할 때 서운하고 거리감이 느껴지더라고요.

최한별: 이 부분도 저희가 조율해 나가야 할 부분인 것 같아요. 오빠는 일상에 소소한 것들을 공유하는 걸 좋아하는데, 저는 요점만 말하고, 요점만 들으려고 하는 스타일이거든요. 제 경우에는 제가 무슨 얘기를 하는데 계속 딴 얘기를 할 때, 존중받지 못하다고 느끼고, 거리감이 느껴지더라고요. 아까 존중받는 느낌이 들었을 때 사랑을 느꼈다고 했는데, 반대로 존중받지

않을 때 거리감이 느껴지니, 저에게는 존중이 중요한 키워드네요.

듣고 보니 상대에게 처음 호감을 느끼는 결정적인 순간도 중요하지만 친밀해지기까지 서로 배려하는 과정을 일관되고 지속적으로 유지하는 것도 중요한 것 같아요. 그래야 친밀감이나 사랑이라는 감정이 쌓이는 것 같고요. 연애하면서 봤던 좋았던 모습이 결혼한 후에도 계속 보여져야 하죠. 친밀해질수록 맞춰가야 할 부분도 더 생길 것 같아요. 서로 배려하고 일관된 모습을 보여주는 게 친밀감의 기본 바탕이 아닐까 하는 생각이 드는데요. 두 분 생각은 어떠세요?

최한별: 서로 실망하지 않으려면 되게 애써야 하는 관계가 있잖아요. 하지만 오빠와의 관계는 일부러 힘을 들이지 않아도 되더라고요. 오빠랑은 친해지는 과정도 그렇고 이 관계를 유지하는 데도 에너지가 안 들어요. 저에게는 그게 되게 컸던 것 같아요. 아버지가 개척 교회 목사님이라 저는 인간관계에서 내가 마음에 안 들어도 관계를 유지하고 잘 만들기 위해 애쓰는 게 습관이 된 사람이거든요. 그래서 편하지 않은데도 본능적으로 애를 쓰고, 이게 건강한 관계가 아닌데도 애써서 유지해가려고 하는 게 있어요. 하지만 오빠는 그렇게 애쓰지 않아도 되는 게 좋았어요.

박장웅: 저는 한별이가 하는 장애 연대와 관련된 일이 우리 사회에 되게 중요한 일이라고 생각해요. 예전에는 몰랐던 일들인데, 한별이를 만나면서 우리 사회에 꼭 필요한 중요한 일이란 걸 알게 되니까 존경하는 마음이 들더라고요. 그래서 한별이를 지지해줌으로써 저도 우리 사회에 간접적으로 기여한다는 생각이 들어서 더 지지해주고 싶더라고요. 연애하면서 많이 배웠고, 지금도 배우고 있는데요. 한별이를 만나서 제가 선한 영향력을 많이 받는 것 같아요.

존경하는 마음이 들었다는 점이 참 인상적입니다. 가치관이 다르면 합의점을 찾기 어렵고, 이해하기도 어려운데요. 두 분은 자신이 갖고 싶었던 모습을 상대에게서 찾았기 때문에 더 지원하고 밀어주고 싶은 마음이 든 것 같아요. '친밀감을 유지하기 위해서는 이런 게 중요하더라.'라는 도움이 될 만한 이야기가 있을까요?

최한별: 저는 친밀한 관계를 위해서는 신뢰와 존중이 제일 중요한 것 같아요. 아까 떨어져 있으면 친밀감에 영향을 미치는지도 질문하셨는데, 사실 주변에서도 그런 부분을 우려하는 경우가 많았거든요. 하지만 저희는 서로 믿기 때문에, 친밀감을 계속 유지하고 사랑할 수 있는 거죠. 말과 행동으로 신뢰의 증거들이 쌓이고요. 오빠가 고흥에 내려가고 없는데 다른 사람들이

랑 있을 때, '아, 이거 예전에 오빠랑 같이했던 건데.'라고 떠올리는 순간이 있어요. 그러면 오빠랑 오랜 시간 같이하고 좋은 추억이 많다는 것을 느끼게 되죠. 맛있는 걸 먹을 때도 생각나는데, 이런 생각들이 우리 둘의 친밀감을 더해 주는 것 같아요. 꼭 사람을 마주하고 있지 않더라도 느껴지고 생각나는 게 친밀감의 척도인 것 같아요.

박장웅: 저는 비슷한 말일 수도 있는데 배려 같아요. 우리가 친하고, 스킨십도 많고, 행복하다고 말하지 않아도 서로 배려하고 있다고 생각하거든요. 처음에는 눈치라고 생각했어요. 제가 이런 행동을 했을 때 저 사람이 불편한가 하고 생각하며 다른 사람 눈치를 보는데, 이게 배려와 비슷하다는 생각이 드네요. 함께 했던 시간이 길어질수록 추억거리가 많이 쌓이잖아요. 커피를 마시는데, 문득 함께 간 여행에서 먹었던 커피 맛과 같다고 이야기하면서 공감대가 형성되기도 하고요. 그럴 때 확실히 우리가 친밀하다고 느끼는 것 같아요.

커플로서의 친밀감이 두 분의 일상에 어떤 영향을 주나요?

최한별: 저는 오빠를 만나고 많이 안정돼서 영향을 크게 받은 것 같아요. 과거 연애는 다 실패했고, 과거의 관계에서 상처받고 자존감 떨어지는 경험을 했거

든요. 그럴 필요가 없었는데 왜 그랬는지, 저 자신한테 너무 자신이 없었어요. '내가 부족해서 저 사람이 떠나갔다.'라고 자책하니 열등감이 생기고 그것을 채우기 위해서 무척 애썼던 것 같아요. '나는 부족하다.', '나는 외모 관리를 더 해야 한다.', '나는 일에서도 더 능력이 있어야 된다.', '상대가 허튼짓을 해도 나는 관대하게 수용할 수 있어야 한다.'라는 강박이 있었어요. 그게 저를 계속 힘들게 했는데, 오빠는 저라는 존재 자체를 사랑해 주고 받아주는 거예요. 그래서 지금은 많이 안정됐고 저 자신이 오빠에게 받아들여지는 경험을 하니까, 스스로에게도 많이 관대해졌어요. 제가 변했다는 걸 제 친구들도 많이 느껴요. 하지만 안 좋은 거는 오빠한테 너무 의존하게 됐다는 거죠. (하하)

박장웅: 오히려 저는 한별이가 약간 이해가 안 가는 부분이 있었죠. 저는 자존감이 되게 높은 사람이었거든요. '나는 못하는 게 없어.', '난 다 할 수 있어, 안 해서 그렇지.'라고 생각하는 성격이거든요. 저에 비하면 한별이는 정말 대단한 사람인데 연애했던 상대들이 그런 생각을 들게 했다는 게 이해가 안되더라고요. 친밀감이 제 일상에 주는 영향을 이야기하면, 저는 친밀감이 하루하루 점점 더 쌓여 간다고 생각하는데, 한별이와의 친밀감도 하루하루 쌓여 가는 게 너무 좋아요. 저보다 일찍 결혼한 친한 친구가 저한테 "이제 한별

이가 네 평생 친구야."라고 이야기하더라고요. 그때는 "뭔 소리야?" 하고 넘겼는데 막상 결혼하니까 한별이가 정말로 내 진짜 동반자, 짝꿍이라는 생각이 들어서 든든한 느낌이 들었어요.

연애하고 결혼해 함께 하는 시간이 길어지는 만큼 친한 친구들과 친밀감을 쌓을 시간은 줄어든 거잖아요. 커플로서의 친밀감으로 인해 친한 친구와의 친밀감에는 어떤 영향을 미쳤나요?

박장웅: 현재까지는 없는 것 같아요. 어렸을 때는 친구들을 많이 사귀잖아요. 그래서 한 번 모이면 열댓 명이 됐는데 세월이 좀 지나면서 여기 빠지고 저기 빠지고 하다 보니 지금은 많이 줄었어요. 그런데 그중에서도 지금까지 만나는 가장 친한 친구에게는 아직 친밀감이 줄었다고 느낀 적이 없어요.

최한별: 우리가 물리적으로 떨어져 있어도 친밀감을 느끼듯이 친한 친구 사이라면 자주 보지 못해도 친밀감을 느끼는 것 같아요. 서로 바쁘기도 하고 옛날처럼 안 놀아준다고 서운하고 그런 단계는 아니니까요. 이제는 상대방의 상황에 대한 이해도도 높아지고 친구라는 존재가 재밌게 놀아주는 도구가 아니란 걸 아니까 그 존재 자체로 존중하게 되고 그러다 보면 자연스럽

게 지금 저 친구는 바쁜 시기고 만나기 어려운 상황이란걸 이해할 수 있으니까요. 친밀감에는 크게 손상이 없을 것 같아요.

두 분의 이야기를 듣고 보니 친밀감이라는 게 결국은 '물탱크에 채워진 물'이 아닌가 하는 생각이 듭니다. 빈 물탱크에 물을 채우기 위해서는 물을 틀어 채우는 시간이 필요하고, 소비하는 물을 줄이며 수위(水位)를 유지하려고 노력해야 하죠. 물이 꽉 찬 물탱크라면 물탱크에 구멍이 나더라도 모두 비워지기까지는 시간이 걸리고, 물이 조금씩 빠져나가더라도 수도꼭지가 틀어져 있다면 쉽게 빈 통이 되지는 않을 거라는 거죠.

친밀감도 이와 같다는 생각을 했습니다. 친밀감을 쌓기 위해서는 상대를 배려하고 존중해야 하고, 함께하는 물리적인 시간도 필요한 거죠. 그렇게 친함을 넘어 친밀함이 쌓이면 서운한 일이 생기거나, 다소 소원해지더라도 금방 빠지지 않고, 다시금 채울 수 있는 거죠. 물론 채우는 노력 없이 소원해지기만 하면 언젠가는 빈 통이 되겠지만요.

박장웅: 그런 것 같아요. 물탱크에 물이 가득 차 있어도 못 만나면 조금씩 줄어들 것 같아요. 그런데 시간이 허락해서 다시 만난다면 비워졌던 물도 다시 채워나갈 수 있을 것 같아요.

오늘 인터뷰를 통해서 친밀감에 대한 많은 이야기를 나눴는데요. 마무리하는 시점에서 친밀감을 다시금 정의한다면 무엇이라 하겠습니까?

최한별: 저는 친밀한 관계를 이미지로 상상했을 때, 두 나무가 서로 얽혀 자라는 연리지가 떠올라요. 한 나무가 다른 나무에 절대적으로 의존하면서 엉켜 있는 게 아니라, 아치와 같이 서로 받쳐주면서 엉켜 있는 나무요. 친밀감이라는 건 서로 긴밀하게 연결되어 받쳐주고 있는 상태라서 끊어지면 결국 다른 한쪽도 같이 무너질 수밖에 없는 것 같아요. 오늘 인터뷰를 하면서 이런 생각이 들었어요. 오빠와의 친밀한 관계가 저를 좀 지탱하고 구원했다는 생각이 들었습니다.

박장웅: 저에게 친밀감은 '쉼터' 같은 느낌이 들어요. 친밀감이란 내 마음이 쉴 수 있고 쉬게 해주는 사람들이라고 생각해요. 사회생활을 하면서 받는 스트레스가 친밀한 사람과 있으면 풀어지고 그 시간 안에서 편안하게 쉬어 가는 느낌이 들거든요.

오랜 시간 인터뷰를 통해 친밀감에 대한 많은 이야기를 들려주셔서 고맙습니다. 인터뷰를 마친 소감은 어떤가요?

최한별: 재미있었습니다. 확실히 둘이서는 평소에 이런 주제로 이야기하지 않거든요. 질문해 주는 사람

이 있으니까 둘이서 진지하게 이야기를 많이 하고, 많은 생각을 하는 시간이었던 것 같아요.

박장웅: 저도 재미있었습니다. 하다 보니까 안에 있는 이야기를 꺼내게 되네요. 다른 사람한테 이런 얘기를 잘 하지 않거든요. 그리고 '잘 생겼다.'라는 얘기에서 제가 친밀감을 느낀다는 건 모르는 게 더 나았을 것 같아요. 이제 알았으니까 의식적으로 진심 없이 이야기할 수도 있잖아요. (하하)

최한별: 저는 사랑스럽게 바라보는 눈빛에 제가 친밀감을 느낀다는 걸 알고 해주니까 더 좋을 것 같아요. 더 가까워지고 싶고, 이 친밀감을 확인시켜주고 싶다는 시그널로 받아들일 것 같아요. 사실 아까 오빠가 잘 생겼다는 말을 들으면 기분 좋다고 해서 그럼 앞으로 더 많이 해줘야겠다고 마음먹었습니다. (하하) 우리 장웅, 잘생겼다~~!!

> 낯익고 친숙한 '친밀함'이라는 주제로 시작한 낯설고 어색한 '인터뷰'를 통해 최한별-박장웅 커플은 일상에서 어떻게 친밀감을 표현하고, 느끼는지 알 수 있는 시간이었다. '친밀감은 시간과 존중, 신뢰가 필요하며, 물리적 공간도 초월한다.'라고 정리하며 '친밀함'이 조금 더 낯익고 친숙해졌음은 두말할 필요가 없다.

또한 인터뷰이 커플과 인터뷰어 커플 간에도 친밀감이 한층 깊어지는 시간이었다. '친밀감'이라는 주제를 이야기하는 것만으로도 우리는 친밀해질 수 있음을 깨달았다. 낯선 이로부터 이런 질문을 받거든 주저하지 말고, 인터뷰에 응하시라. 혹시 친밀감을 아십니까?

Interview
최소한 따뜻할 것

무미건조한 삶도 괜찮나요?

추운 겨울, 고슴도치들은 온기를 나누기 위해 모여들지만 가까워진 만큼 깊숙이 들어온 서로의 가시에 곧바로 떨어진다. 얼마나 지났을까, 빈틈으로 스미는 추위에 그들은 다시 서로에게 다가서지만 결국 가시 때문에 또다시 떨어진다. 완전히 가까워질 수 없다는 것을 깨달은 고슴도치들은 서로 지켜야 하는 거리가 있음을 알게 된다.

- 쇼펜하우어 「소품과 단편집」 中

인터뷰어/ 정하은
인터뷰이/ 정하은
(직장인, 20대)

자기소개 부탁드립니다.

안녕하세요. 25살 정하은입니다. 하나의 글을 오롯이 혼자 써보는 것도 처음인데 심지어 자신을 스스로 인터뷰하는 글이라니. 떨리기도 하고 걱정스럽기도 해요. 저는 친밀감 프로젝트에 조금 늦게 합류해서 인터뷰 글들 사이에 들어갈 간단한 프로젝트를 준비하고 있었습니다. 아무래도 인터뷰 사이에 들어갈 것을 준비하는 일이다 보니까 인터뷰에 어떤 생각들이 담겨있는지 아는 게 중요하더라고요. 인터뷰의 내용을 읽는 일부터 시작했어요. 처음 초고를 읽는데 마음이 너무 따뜻해지고 행복해지는 거예요. 사람들이 소중하게 간직하고 있던 생각을 들여다본 것 같아서 좋았어요.

어느 날 글을 다시 읽는데 '저들은 친밀한 관계를 맺고 살아가는데 나한테는 친밀한 관계가 있나?', '친밀한 관계는 존재하는 건가?', '영원한 관계는 아니지 않나?' 하는 물음표들이 생겼어요. 제가 이상한 사람이 된 것 같아서 혼란스럽더라고요. 함께 프로젝트를 준비하는 교수님께 저만 이런 생각을 하는지 여쭤봤어요. 다행히 단호하게 아니라고 말씀해 주시더라고요. 많은 사람들이 저처럼 생각한다고요. 그래서 제가 프로젝트를 준비하며 가지게 된 물음들에 대한 이야기를 들려드리고 싶었어요. 자신에게 질문을 하다 보면 물음에 대한 답을 찾을 수 있을 거라는 기대를 하면서요.

나에게 친밀감은 무엇인가요?

저에게 친밀감은 **'이상(理 다스릴 리 想 생각 상, 생각할 수 있는 가장 완전한 상태)'**이에요. 어릴 적 읽던 동화 같은 거죠. 꿈꾸기 위해 필요한, 아름답고 행복한, 그러나 현실에는 존재하지 않는 그런 이야기 말이에요.

친밀함이 존재하지 않는다고 생각하나요?

친밀함, 친밀한 관계, 사랑과 같은 감정과 관계들은 인간에게 필수적이에요. 우리는 모두 감정과 관계 속에서 살아가고 있고 그것이 삶의 원동력이자 목표가 되기도 하죠. 그런데 '그 이상들이 과연 실현 가능한 것인가?' 라고 묻는다면 '가능은 하겠지만 확률은 희박하다.' 라고 답할 것 같아요.

친밀한 관계가 이루어질 확률이 희박하다고 생각하는 이유가 뭔가요?

관계는 **선택**이잖아요. 우리가 맺는 모든 관계들이 많은 시간을 함께 보낸다고 저절로 친밀해지지 않아요. 나를 보여주고, 상대를 알아가고, 서로를 이해하고 관계를 유지하기 위한 노력과 의지가 필요하죠. 나의 노력과 의지를 그 관계에 쏟을 것인지는 결국 내가 선택해야 하고요.

친밀해지고 싶은 관계를 고르고 그 관계를 유지하는 과정은 절대 쉽지 않아요. 관계 유지를 위해서는 지속적인 **노력**이 필요하거든요. 선택에 따르는 노력이 당연하다고 생각할 수 있지만 관계를 잘 유지하려면 일반적인 노력과는 비교할 수 없을 정도의 노력이 필요한 것 같아요.

친한 친구가 있었어요. 오랜 시간을 함께했고 많은 이야기와 감정을 공유했기에 관계에 대한 자신도 있었죠. 어느 날 친구가 고민을 얘기하는 거예요. 저는 친구가 공감을 원하는 사람이라는 걸 알고 있었어요. 그래서 어떤 위로의 말을 하면 좋을지 고민하고 있었죠. 그런데 이야기를 하면 할수록 우울함에 빠져들어 가는 게 보이는 거예요. 이러다가 큰일 나겠다 싶었죠. 공감보다는 조언이 더 필요한 순간이라고 생각해서 우울감에만 매몰되지 말고 빠져나오라고 했어요. 그런데 화를 내더라고요. 자신을 다그치는 걸로 들린다면서요. 그 말을 시작으로 저희는 크게 싸웠어요.

제 딴에는 친구를 위해서 했던 말인데 친구는 그게 아니었던 거예요. 그때 느꼈어요. 관계를 위한 노력은 한 쪽이 정의 내릴 수 있는 게 아니구나. 나의 노력이 상대에게 어떻게 받아들여지느냐에 따라서 관계가 더 깊어지는 계기가 될 수도 있지만, 관계가 끝나는 계기가 될 수도 있구나. 나의 의도와는 다르게 흘러갈 수도 있다는 사실에 두려워졌죠.

관계의 끝을 경험하고 자신에게 어떤 변화가 있었나요?

노력은 양보다는 방향이 중요하다는 걸 알게 됐어요. '노력은 배신하지 않는다.'라는 말을 좋아했어요. 내가 노력하면 관계가 끝날 일은 없다고 생각했죠. 근데 내 노력의 방향이 상대의 마음과 엇나가는 순간 관계는 끝나더라고요. 내가 얼마나 노력했는지는 중요하지 않았어요.

저는 눈치를 많이 보는 성격이에요. 그래서 상대방의 생각과 감정의 변화를 다른 사람들보다 빠르게 느끼고 그들이 원하는 것들을 잘 봐왔어요. 이런 성격이 저라는 사람이 관계를 맺는데 큰 장점으로 작용한다고 생각했어요. 저랑 있으면 다들 편안하다고 말해줬거든요. 저도 제가 좋아하는 사람들이 저와 함께하는 순간을 행복해하는 게 좋았고요.

그런데 친구와 그렇게 다투고 멀어진 뒤로는 관계를 맺을 때 너무 긴장하게 되는 거예요. 제가 하는 말이나 행동을 상대방이 어떻게 받아들일지 걱정됐거든요. 상대방이 조금이라도 불편해 보이면 집에 가서 실수한 건 아닌지 눈치만 보고 있었죠. 관계의 중심이 저에서 상대방으로 옮겨가면서 상대방의 감정과 기분을 잘 알아채던 제 성격은 단점이 돼버렸어요. 눈치를 보는 만큼 스트레스도 많이 받았거든요.

그렇게 시간이 지나니까 어느 순간 제가 없다는 생각이 들었어요. 상대방이 원하는 것에 맞춰서 행동하고 반응하는 게 익숙해져 버리니까 누군가를 신경 쓰지 않고 행동하는 나는 어떨지 모르겠더라고요. 그래서 '이게 맞는 건가?'라는 생각을 했어요. 이렇게 스트레스 받으면서까지 유지해야 하는 건지 모르겠더라고요.

끝에 대한 책임

선택에는 결과가 따라와요. 긍정적인 결과든 부정적인 결과든 내가 한 선택에 따른 결과이니 책임을 져야죠. 관계의 유지와 지속, 나아가서는 '관계의 끝'에 대한 책임도 모두 나의 몫이 되는 거예요.

저는 관계를 나누는 선이 뚜렷해요. 친밀하지 않은 사람에게 쏟을 노력을 아껴서 친밀한 사람에게 더 잘해야겠다고 생각하죠. 친하다고 생각하는 사람에게 더 많은 것을 주고 더 많이 신경 써요. 관계가 영원하기를 바라면서요.

그런데 아이러니하게도 깊어지기를 바란 관계는 때로는 그 어떤 관계보다 끊어지기 쉬워져요. 기대한 관계에서 오는 실망은 몇 배 큰 상처가 되거든요. '내가 너한테 해 준 게 얼마인데 네가 나한테 어떻게 이래?'

이런 거죠. 되게 사소한 일들이 그렇게 깊다고 생각했던 관계를 끝내는 계기가 되는 거예요. 그때 느끼는 실망과 공허함, 절망감은 제가 감당해야 할 몫이죠.

'이런 이유로 끝날 관계였다면 내가 한 노력들은 대체 뭐였지?', '이렇게 노력했는데, 이 관계가 끝나면 나는 어떻게 해야 하지?'

고슴도치 딜레마

쇼펜하우어의 책에 보면 고슴도치 일화가 있어요. 추운 겨울에 고슴도치들이 모여서 온기를 나누려고 하는데 가까이 가면 서로 가시에 찔리고, 멀어지자니 너무 추운 거예요. 그래서 고슴도치들이 서로 가까워지지도 멀어지지도 못하는 상황에 처하는 거죠. 여기에서 나온 게 '고슴도치 딜레마'에요. 사람들이 친밀함을 원하면서도 적당한 거리를 두고 싶어 한다는 거죠.

친밀한 관계는 인생을 살아가는 데 필요한 온기예요. 친밀한 관계에서 얻을 수 있는 안정, 행복, 사랑, 즐거움은 어느 감정들보다도 강렬하죠. 그래서 저는 친밀함이 품고 살 가치가 있는 이상이라고 생각해요.

그런데 그 이면에는 가시가 존재하는 거죠. 아무것도 모르고 관계에 걸었던 기대, 기대한 만큼 받았던 상처, 나의 기대가 욕심이었다는 깨달음, 노력했지만 끝나버린 관계, 반복되는 패턴까지. 모두 한 번쯤 겪어본 상황들 아닌가요? 이런 과정들이 반복되면 내가 관계에 쏟는 노력들은 '감정 소모'가 돼요. 상처받을까 하는 두려움과 같은 과정을 반복하는 데서 느끼는 피로. 가시에 찔린 사람은 그렇게 감정을 억누르는 거죠. 그렇게 삶이 무미건조해지는 거 같아요.

무미건조한 삶도 괜찮나요?

사실 이제 인터뷰를 끝내려고 했어요. 근데 처음부터 읽다 보니까 한 가지 질문이 떠오르더라고요.

"무미건조한 삶도 괜찮나?"

괜찮지 않은 것 같아요. 지금까지 친밀한 관계는 어렵고 무섭다고 얘기해놓고는 무슨 말이냐고 하면 할 말 없어요. 근데 괜찮다는 말이 선뜻 나오지는 않아요. 인터뷰를 읽어보면 사실 저는 누구보다 관계를 아끼고 관계에 집중했던 사람이었던 거예요. 원래 지쳤다는 말은 열심히 한 사람들만 할 수 있다고 하잖아요. 제가 친밀감의 끝에 대해 생각하게 된 것도 결국 관계를 사랑하고 친밀함을 원했기 때문인 거죠.

저는 쇼펜하우어 책의 고슴도치처럼 가시에 찔릴 걸 알면서도 다시 누군가에게 다가갈 거예요. 물론 아파서 멀어지기도 하고 적당한 거리를 찾기도 하겠죠. 다가가도 아프지 않을 고슴도치를 찾을 수도 있어요. 그런 고슴도치가 존재하지 않더라도, 오랜 시간이 걸리거나, 실패하더라도 포기하지는 않을 것 같아요.

따뜻한 삶의 위로

친밀감으로 공간을 꾸며본다면 우선 엄청 부드러운 러그를 바닥에 깔고, 저를 생각하는 따뜻한 마음으로 그 공간을 가득 채우고 싶어요.

인터뷰어/ 안수빈
인터뷰이/ 박주회
(어린이집 교사, 20대)

응원받는 중

간단한 자기소개 부탁드립니다.

안녕하세요. 저는 스물네 살 박주회라고 합니다. 현재 취업 준비 중입니다.[8] 아무래도 취업 준비 중이다 보니 면접을 많이 보러 다니고요. 틈틈이 취미생활도 즐기면서 지내고 있습니다.

요즘 일상은 어떤가요?

취업 준비를 하면서 친구와 동기들이 학교생활 열심히 했으니까 좋은 데 갈 수 있을 거라고 응원을 많이 해주는데요. 저는 딱히 열심히 했다고 생각 안 했는데 주변에서 그렇게 봐줬구나 싶어서 위로가 많이 되고 있어요. 그래서 취업 준비라는 게 어려운 동시에 행복한 일이라고 생각 중입니다.

좋은 분들의 응원을 받는다, 기쁜 이야기네요. 이번 인터뷰에 응하시게 된 계기가 따로 있을까요?

---

8 인터뷰이는 인터뷰 당시 취업 준비 중이었으나 현재는 어린이집 교사로 근무 중이다.

처음에는 재미있을 것 같아서 한다고 했어요. 그리고 제가 대화하다가 아예 생각이 안 나면서 막힐 때가 있거든요. 그래서 '편안한 분위기에서 인터뷰하게 되면 그런 걸 조금 이겨내 볼 수 있지 않을까?'라는 기대감이 들어 인터뷰에 참여하게 되었어요. 저는 꾸준히 나아가는 삶을 살고 싶거든요.

따뜻하고 폭신폭신한

그렇군요. 지금 이 시간이 인터뷰라기보다는 내 이야기를 한다는 느낌으로 편하게 느껴지면 좋겠어요. 그리고 이번 인터뷰가 주회 씨의 기대감을 조금이나마 충족시켜주기를 바라겠습니다. 그러면 본격적으로 시작해보겠습니다. 앞서 말씀드렸듯이 저희가 오늘 나눌 대화 주제는 '친밀감'인데요. 주회 씨에게 친밀감은 어떤 느낌의 단어인가요?

친밀감이 내 옆에 있다면 어떤 모양일까 생각을 해봤는데 '크고 폭신폭신한 곰 인형 위에 누워서 편하게 쉬고 있는 느낌'의 단어에요. 부드럽고 같이 있으면 편하고. 음. 애정이 가는. 친밀감은 저를 가둬놓는 바리케이드가 아니라 보호해주는 울타리 같은 느낌이에요. 그 안에서 안전하게 놀 수 있는 장치 같은 거죠. 그리고 그 안에는 엄청 부드러운 러그를 깔고, 저를 생각하는 따뜻한 마음으로 채우고 싶어요. 부드럽고 따뜻한, 편안한 느낌.

따뜻하고 안전한, 편안함이라는 단어가 중요해 보이네요.

맞아요, 편안한 거요. 사실 최근부터 느끼고 있었는데 남자친구를 만나고 같이 있으면 편안한 느낌이 든다는 것을 어느 순간부터 깨닫게 됐어요. 어떤 일이 있었던 것도 아닌데, 그냥 문득 너무 편안하고 행복하다는 생각이 들었어요. 숨만 쉬고 있는데도 행복했거든요. 그게 일상의 행복으로도 이어지는 것 같아서 편안함이 되게 좋은 감정이라는 것을 느끼면서 살고 있어요. 남자친구도 저와 있을 때 편안하다고 말하기도 했어요. 우리 둘 다 서로의 편안함을 대화나 눈빛, 어투 같은 것으로부터 느끼고 있는 것 같아요. 그래서 같이 있는 순간이 더 행복하게 느껴져요.

듣고 싶었던 말 : 아쉬웠겠다

남자친구와의 일상에서 행복을 느끼는군요. 주회 씨의 연애 이야기를 조금 더 들어보고 싶어요.

남자친구랑 처음부터 친한 관계는 아니었고 같은 동아리에서 알게 된 사이였어요. 동갑인 같은 과 친구 정도의 사이였는데 동아리에서 몇 번 보면서 '이 친구가 나한테 호감이 있나?'라는 게 느껴졌었어요. (웃음) 그때는 그 친구가 군입대를 앞두고 있어서 제가 조금 밀어냈었어요. 그러다가 친구가 군대 전역하기 6개월 정도 전에 인스타그램에 글을 올렸더라고요. 글을 전혀 안 올리다가 오랜만에 올라온 소식에 반가워서 답장했고, 그 뒤로 꾸준히 연락하게 됐어요. 전역한 뒤에 고백을 받고 연인 사이가 됐죠.

사실 사귀기 전에도 꾸준히 만났었어요. 가장 기억에 남는 건 둘이 밖에서 걷는데 정신 차려보니까 네 시간을 걸은 거예요. 엄청 추운 날이었는데 시간 가는 줄도 모르고 계속 걸은 거죠. 대화하면서도 '이 사람 진짜 재미있다, 되게 따뜻한 사람이다.'라는 생각이 들어서 서서히 마음의 경계를 풀었던 것 같아요.

주회 씨에게 따뜻함은 중요한 요소라고 얘기해주셨던 게 생각나네요. 남자친구의 어떤 면이 따뜻하게 다가왔나요?

사람마다 공감하는 방식이 다양하다고 생각하는데, 저는 남자친구의 공감하는 대화방식에서 힘을 얻고 위로를 받아요. 제가 요즘 취업 준비 중이라고 말씀드렸잖아요. 거리상으로 멀어서 입사 지원을 안 한 어린이집이 있었어요. 그런데 저보다 덜 준비한 친구가 합격한 거예요. 처음에는 아쉽다기보다는 조금 시무룩한 기분이었는데, 남자친구에게 얘기하니까 "너무 아쉬웠겠다."라고 하면서 공감해줬어요. 사실 별것 아닐 수도 있는 '아쉬웠겠다.'라는 그 말이 딱 마음에 와닿는 거예요. 나 진짜 아쉬웠구나, 그게 내 마음이었구나 싶었거든요. 남자친구의 그 말 한마디에 위로받았는데 더 나아가서 "더 좋은 곳 가려고 그 어린이집을 안 쓴 거야."라고 하면서 용기 주는 말까지 해줬어요. 그 말을 듣고 나니까 제가 그곳을 안 쓴 이유가 다시 기억나더라고요. 남자친구 덕분에 시무룩했던 기분도 금방 회복됐고, 속상한 일도 금방 떨쳐낸 뒤 또 다른 것을 준비할 수 있었어요. 저를 좋아해 주고 믿어주고 응원해주고 또 위로해주는 사람이 있으니까 행복해요.

예쁜 연애를 하는 것 같아 부럽네요. (웃음) 남자친구와는 주로 어떻게 데이트하나요?

저희 둘 다 취미가 게임이에요. 같이 하는 게임이 있는데, 죽으면 살아나고 죽으면 살아나는 게임이거든요. 그래서 한 번 죽을 때마다 뽀뽀 한 번씩 하고. 같이 이기면 같이 좋아하고. 게임 시작하기 전에는 계속 안고 있고. 게임 시작할 때 상대방과 바로 싸우는 게 아니라서 조금 여유가 있거든요. 그래서 그때 뽀뽀 한 번 하고 '뽀뽀했으니까 이길 수 있겠다!' 하는 거죠. 최근에는 자주 만나지 못하기도 하고, 만나는 시간이 어딜 놀러 가기에는 애매한 시간이어서 주로 게임을 하거나 통화해요.

상대방과 싸우는 게임이어도 달달한 분위기에서 게임을 하겠어요.

(웃음) 맞아요. 게임이라는 공통 주제를 가지고 대화도 하고, 공감하기도 하니까요. 머리를 쓰다듬어주고, 뽀뽀해주고, 안아주고. 이런 행동들에서조차 저를 사랑하고 아끼는 마음이 느껴지니까 더욱 안정적으로 이 시간을 보낼 수 있는 것 같아요. 그리고 남자친구가 무의식적으로 제가 하는 행동을 따라 한다든지, 말투가 비슷해진다든지 하면 나를 아끼고 사랑하고 있구나, '나랑 있는 게 좋구나.' 하는 생각을 해요. 게임을 하면서 자주 싸운다고들 하는데 한 번도 싸운 적이 없어요.

연애 기간 한 번도 싸운 적이 없나요?

아직은 없어요. 그럴 일이 아예 없었던 건 아니지만 오히려 속상해지기 전에 말을 하는 것 같아요. 감정적으로 말하지 않고 좀 뭐랄까? 애교를 섞어서 말해요. 제 마음에 계속 두고 있다가 계속 신경 쓰이겠다 싶은 것은 말하고, 남자친구와 대화하고 이해하면서 풀어가는 편이에요.

대단하네요. 예쁜 연애를 하는 것 같아요. 아까 전화 통화를 주로 한다고 했는데, 두 분은 연락을 자주 하는 편인가요?

통화요. 맨날 다르긴 해요. 그 친구가 요즘 학원에서 일하는데 일이 끝난 후 10시쯤에 전화해서 집에 가는 동안에 통화하고 밤에 잘 준비하고 시간이 있으면 자기 전에 통화하기도 해요. 하루에 한 30분씩은 통화하는 것 같아요. 각자의 일상이 있으니까 점심이나 저녁 시간처럼 시간 여유가 있을 때 통화하고. 그 이외의 시간에는 "나 이제 학원에 왔어.", "공부하고 있어."처럼 내가 뭘 하고 있는지 이야기하는 편인 것 같아요.

나와 엄마의 노래 : 일관적인 반응

주회 씨는 남자친구를 제외하고 친밀하다고 느끼는 대상이 또 있을까요?

엄마요. 사실 엄마랑은 매일 산책도 하고, 같이 다니다 보니까 자연스럽게 서로의 이야기를 많이 하면서 친밀하다고 느끼게 된 것 같아요. 자연스러운 거죠. 대학생이 되고 보육 공부를 하면서 '민감한 반응과 일관적인 반응'이 뭔지 잘 모르겠더라고요. 그런데 엄마를 보면서 그걸 이해했어요. 지금 성인인 제가 노래를 불러도 엄마는 그 노래를 따라 불러주세요. 이런 걸 봤을 때 나는 아기 때 정말 많은 사랑을 받으면서 자라왔음을 느껴요. 그리고 엄마를 다시 보게 되었죠. 나도 엄마 같은 사람이 되고 싶다는 생각도 했어요. 그런데 알게 모르게 저도 엄마를 많이 닮아 있는 거예요. 많이 닮아 있는 사람과 함께 있는 시간이 좋고 그 안에서 느껴지는 편안함이 있어요. 엄마는 제게 조건 없는 사랑과 응원을 해주고 있다는 게 느껴져요.

엄마와 대화를 많이 하는군요.

네, 저는 상대방과 아무리 친해도 제 이야기를 잘 하지 않아요. 상대방이 먼저 이야기를 하면 그때 조금씩 제 이야기를 할 수 있어요. 보통 제 속 이야기, 감정에 닿아있는 이야기는 엄마랑 남자친구를 제외하면 잘 하지 않아요.

'내 이야기를 할 수 있는지' 여부가 주희 씨에게는 일종의 선인 것 같이 느껴져요.

맞아요. 상대방이 먼저 이야기하지 않아도 제 이야기를 할 수 있는지가 친밀한지 아닌지를 구분하는 기준이 돼요. 상대방이 진심으로 저를 응원하는데 제가 그걸 외면하는 걸 수도 있고. 진심이 안 받아들여지는 걸 수도 있고. 이건 조금 어렵네요. (웃음) 특히 친구들이랑은 어느 정도 공감대가 형성되어야 친해지기 쉬운 것 같아요. 대화방식에 있어서 저와 맞지 않으면 친해지기 어려운 편이고 그런 사람에게 제 이야기를 했을 때 돌아오는 대답이 상처가 되는 경우가 더 많고요. 저를 더 힘들게 하고 시간 낭비로 느껴져요. 그래서 더 이야기하지 않는 것 같기도 해요.

그렇군요. 그럼 주회 씨가 지금 가지고 있는 친밀감을 조금 더 깊게 만들거나 오래 유지하려면 어떤 것들이 필요할까요?

남자친구는 제 감정과 닿아있는 느낌이고, 엄마는 존재만으로도 편안함을 주는 사람이에요. 지금처럼 대화로 위로해준다든지 꾸준히 응원해준다면 남자친구와의 친밀감은 잘 이어갈 수 있을 것 같아요. 엄마와의 친밀감은, 조금 더 제 마음에 공감해주셨으면 좋겠다고 생각해요. 그리고 저 스스로가 조금 더 마음을 열면 더 많은 사람들과 친밀한 관계를 가질 수 있지 않을까? 하는 생각을 하고 있어요.

감사합니다. 오늘 인터뷰는 여기서 마무리하려고 하는데요. 인터뷰를 마친 소감은 어떠세요?

인터뷰, 이런 대화가 재미있긴 한데 제 이야기가 어떤 도움이 될 수 있을지 조금 걱정되네요. 딱히 슬프거나 하는 이야기는 없었는데 이런 주제의 이야기들을 해 본 것이 익숙하지 않아서 눈물이 날 뻔했어요. 그래도 '잘했다!'라는 생각이 들어요.

> 남자친구 이야기를 하면서 시종 웃던 주회 씨는 인터뷰가 끝나자마자 '남자친구와 데이트하러 간다.'라며 발걸음을 옮겼다. 친밀감을 이야기하던 주회 씨의 목소리만큼 그녀의 친밀감 온도는 따뜻하게 느껴졌다. 내가 그의 친밀감 이야기를 들은 것은 그저 한두 시간뿐이었지만, 남자친구와의 데이트 이야기를 하는 모습을 보며 주회 씨에게 친밀감은 따뜻하고 부드럽고 안정적인 느낌임을 알 수 있었다. 자신의 이야기를 하는 게 익숙지 않다고 말했지만, 옆에서 바라본 주회 씨는 친밀한 누군가를 위해 기꺼이 따뜻함을 나눌 수 있는 사람이다.

친밀감에 대한 기록

눈빛만 봐도 알죠
대화는 논쟁처럼 하지 않아요
친밀함은 빈도예요
서윗하다
자기 일처럼 저를 챙겨요
방귀를 텄어요
관계를 위한 의식적인 노력들
슬리퍼를 신는 노력
손잡는 건 친한 거잖아요
깔라만시 탄 소주
우리끼리 있을 때만 이빨 14개가 보여요
서로에게 몰입할 수 있어 감사해요

인터뷰어/ 이현숙
인터뷰이/ 위형석(회사원, 50대)
김행자(회사원, 40대)
고청훈(회사원, 40대)
문해화(회사원, 40대)
김진현(회사원, 30대)
강지영(회사원, 30대)

부부 친밀감 인터뷰를 위해 6명이 한자리에 모였다. 특별히 30대, 40대, 50대 부부를 찾아 모은 게 아니고 스스로 인터뷰를 하겠다고 찾아왔다. 사람과 술을 좋아하는 CJ의 고청훈 팀장은 친밀감 프로젝트를 안주 삼아 풀무원의 위형석 팀장, 농심의 김진현 과장과 부부 그룹 인터뷰를 결의했다. 술이 인터뷰를 불렀다. 부부의 친밀감이라. 가장 가깝고 남인 관계. 술김에 어쩌다 인터뷰에 오게 된 분들도 떨림과 기대감이 있었겠지만 대담자도 마찬가지다. 나의 호기심은 '부부, 가장 가까운가, 아니면 완벽한 타인인가?'에서 그 거리감, 폭과 깊이를 언어로 재고 싶어졌다.

INTRO

위형석: 우리가 식사하면서 얘기했죠. 술 한잔 들어가고 즐겁게 얘기하면서 고 팀장님이 강릉에 집을 산 얘기를 하다 "우리 강릉 언제 가요?" 막 이러면서 강릉 갈 구체적인 일정을 잡는데 고 팀장님이 잠깐 고민을 하더니 강릉 가는 김에 친밀감 인터뷰를 하자고 얘기했어요.

처음에 친밀감 인터뷰가 제 머릿속에 들어오진 않았고 '그럼 우리 12월에 만나는구나.'라고 생각했어요. 술 먹으면서 한 얘기라 생각나는 건 가족 이야기, 우리 부부 이야기를 한 거 같고 저랑 와이프(김행자) 관계가 좀 좋고 이걸 공유해도 좋겠다 싶어서 "좋습니다." 의기투합하고 돌아왔어요. 다음날 술 깨고 나서

'내가 왜 그랬지?', '친밀감 인터뷰는 뭘까?'라고 약간 후회가 밀려왔어요. (웃음) 근데 지금 생각해보면 고 팀장님이 좋은 제안 주셔서 이 자리에 와서 여러 좋은 분들을 만나, 반갑게 생각하고 있습니다. 새로운 경험도 좋습니다.

김진현: 저도 처음에는 술이 들어간 상태에서 "하면 되죠, 하시죠." 이랬는데 그다음 날 '괜히 한다고 했나?' 싶었어요. 저만 가서 하는 거면 전혀 상관없는데 와이프(강지영)도 같이 가야 하고 애도 데려가야 하는 상황이 되다 보니까요. 어디 같이 가야 하면 괜찮은지 와이프한테 항상 물어보고 결정하는데 안 물어보고 한다고 했으니까 조금 걱정되긴 했었죠. 근데 와이프한테 물어봤는데 너무 쿨하게 "그거 하면 되지." 이러는 거예요.

강지영: 같이 만나는 분들이 항상 젠틀하고 스마트하고 좋은 분들이라고 저한테 너무 강조했었고 "그분들과 하는 게 유쾌하고 의미 있어."라는 얘기를 했었어요. 그래서 저는 '그래 좋은 분들과 함께 하자.'고 하는데 그게 또 우리 관계에도 좋을 수 있을 거라 생각해서 "그래, 가." 이랬죠. 워낙 두 분에 대한 이야기를 많이 들었어요. "누구랑 술 먹었어?" 그럼 두 분이고. 저도 만나 뵙고 싶었어요.

김행자: 저는 이렇게 사람 많은 데서 얘기하는 경우가 자주 없어서 낯설고 '내가 잘할 수 있을까?' 걱정했어요. 친밀함이라는 단어가 일상생활에서 많이 쓰는 단어가 아니기 때문에 '어떤 걸까?'라고 생각을 많이 했던 것 같아요. 저 스스로 인터넷도 찾아보고 '어떤 게 친밀한거고 어떤 게 친한 걸까?', '어떤 차이가 있지?' 저 혼자 생각을 조금 많이 했어요.

문해화: 사실 저는 친밀감 프로젝트에 인터뷰어로 남편과 같이 활동하고 있어요. 그런데 남편(고청훈)이 집단 인터뷰를 잡아 왔다고 얘기를 하는데, 이게 잘 되면 좋으니까 반가운 마음 한편에 사람 처음 만나는 게 어려운데 어떻게 해야 하나 걱정을 많이 했어요. 그래서인지 한 이틀 전부터 계속 인터뷰하는 꿈을 꾸더라고요. 떨리는 마음으로 왔습니다.

> 결국 강릉에서 인터뷰를 진행하지는 못했다. 부부 인터뷰를 도모한 문해화 고청훈 커플은 부부싸움으로 인터뷰 날짜를 잡아놓고 2주 전 찾아왔다. 이런 마음으로 인터뷰를 할 수 없다며. 우리는 싸우기도 한다. 서울반경의 생활에서 강릉은 멀다. 직장생활과 아이를 키우는 부모의 처지에서 1박2일 시간을 내는 것도 빠듯하다. 우여곡절까진 아니고 계획대로 된 것도 아니지만 사는 일스럽게 인터뷰는 진행됐다. 이미 알고 있던 3명의 남자들과 서로가 처음인 와이프들은 누구의 남편, 아내로 소개되어 자신의 이름으로 인터뷰를 시작했다. 모두 반갑습니다.

나 : 에게 중요한 것

김진현: 살면서 중요하게 생각하는 건 지금 저희 가족이 가장 중요하고 그다음으로는 친구들이 중요한 것 같아요. 다른 물질적인 것들보다도 사람들이 중요한 것 같아요. 결국 관계가 굉장히 중요하다고 생각합니다. 행복하려면 말이에요. 사람 간의 관계, 교류 이런 것들이요. 관계와 교류는 서로에게 영향을 주고받으며 시너지가 난다고 생각합니다. 팀장님들하고 알게 되고 이렇게 주고받으면서 저도 많이 성숙해지고 회사에서 사회생활 하면서 배우는 것들도 있죠. 저를 더 성장시키는 것은 역시 교류하는 것이라고 생각합니다.

위형석: 김진현 과장님은 교류의 짱이에요. 지금 이 식품 업계뿐만이 아니고요. 네이버, 아모레퍼시픽 등 다른 분야 다른 회사 사람들하고도 너무 잘 지내더라고요. 그래서 제가 궁금한 게 있어서 과장님에게 전화하면 다른 분야 기업 현황도 다 알려주세요. 다른 데 전화할 필요가 없어요. 관계의 신이에요.

강지영: 안녕하세요. 저는 강지영이에요. 전 결혼 전에는 나를 위해서 나의 발전을 위해서 내 명예를 위해서 살았어요. 결혼을 하니 나는 없어졌네요. 현재 나 30%, 엄마와 아내 70%로 살아요. 어쩔 수 없는 것 같고 자연스러운 과정이라고 생각하고 있어요. 지금 제

가 중요하게 생각하는 건 가족이에요. 더 구체적으로 얘기를 하면 가족 중에서도 저는 남편과 우리 아이가 제일 중요해요. 결혼도 그렇지만 아이를 낳고 제 삶이 변했죠. 아이를 낳고 키우는 삶이 주는 기쁨이 정말 큽니다. 가장 소중해요.

그다음에 중요하게 생각 드는 건 저희 어머니랑 언니, 언니의 가족 그리고 남편의 가족. 이제 그들도 다 가족이기 때문에 중요하게 됐어요. 또 중요하게 생각하는 사람들은 아무래도 저랑 우정을 같이 했던 친구들과 그리고 남편의 친구들 그 외 좀 소수의 사람들이 있어요. 예전에는 그런 사람들이 너무 소중했었는데 지금은 옛날 같진 않아요. 왜냐하면 여자다 보니까 에너지를 써야 할 곳이 너무 많거든요. 또 부모님이 우리 엄마밖에 없었는데 남편의 부모님까지 생겼고 언니의 가족까지 생기다 보니까 챙겨야 할 사람들이 너무 많아졌어요.

우리 가족에게는 완전 '좋은' 아내와 엄마가 되고 싶고 시댁과 친정에는 '나쁘지 않은' 며느리, 딸로 살려고 하고 있어요. 모두 중요한 사람들이지만 모두에게 같은 에너지와 노력을 쏟기는 어려워요.

김행자: 저는 김행자고요. 이런 자리가 너무 낯설고 어색할 정도로 좀 소극적이고 내성적인 성격이에요. 제가 제일 중요하게 생각하는 거는 저희 신랑과 딸, 아

들이랑 즐겁고 행복하게 사는 거 그게 제 인생에서 제일 중요합니다. 직장도 중요하죠. 그런데 그건 가족의 행복을 위해 다니는 수단이지 않을까 싶어요. 그 외에 시댁과 친정 식구들인데 제가 친정에서는 맏이고 저희 시댁에서는 셋째거든요. 친정 엄마는 혼자 계시니까 엄마나 동생들한테 제가 뭐라도 해주고 싶은 마음이 많이 커요. 실질적으로 잘해주고 싶은 마음은 크지만 현실적으로 힘든 부분이 많죠. 그래도 열심히 동생들 도와주려고 해요.

위형석: 반갑습니다. 위형석입니다. 저는 내 자신과 와이프 그리고 우리 아이들이 가장 중요하고 그다음에 원가족이라든가 우리 처가 가족. 그리고 주변 사람들이 가장 중요합니다.

성격은 성실하고 온유한 편입니다. 약간의 평화주의자죠. 갈등을 싫어하고 싸우는 거 싫어하고 누굴 미워하는 거 싫어하고 그냥 평화적으로 화해하면서 잘 사는 게 제 성격인 것 같더라고요. 그걸 기반으로 소중한 사람들과 행복하고 즐겁게 사는 게 제가 제일 추구하는 삶이라 생각합니다. 오래 사는 것도 중요하지만 행복하게 사는 게 더 중요해요. 내 이익을 위해 가족을 챙기는 것이 아니라 가족은 존재 자체만으로도 힘이 됩니다. '행복하게 사는 것은 가족과 사는 것이다.'라고 생각됩니다. 다들 스트레스 받으면서 직장 생활하고 또 재테크도 하려고 하는데, 맨날 하는 얘기가 '돈을 어떻게 하면 더 잘 벌까?' 이런 얘기거든요. 이런 게 다 소중한 사람들과 행복하게 살고 싶어서 그런 거 아닐까요.

고청훈: 안녕하세요. 저는 고청훈입니다. 제 성격은 아주 외향적이고 기본적으로 사람을 좋아해서 사람 만나는 자리를 좋아합니다. 대신 사람 관리를 잘 못해서 꼼꼼하게 잘 챙기거나 하진 않고요. 그렇지만 오랜만에 만나도 어제 헤어졌던 사람처럼 다시 만날 수 있어요. 호기심이 많고 술을 좋아하고 그래서 이런 프로젝트도 재밌고 좋은 분들과 같이하게 돼서 저는 아주 즐겁습니다. 제가 살면서 중요하게 생각하는 건 저희 부부예요. 아이는 안 갖기로 했고 그래서 배우자가 가장 중요합니다.

강지영: 좋은데요. 배우자가 가장 좋은 게.

고청훈: 배우자 외에 중요하게 생각하는 건 사람이라기보다는 신념입니다. 남에게 해를 주지 않고 옳고 그름을 구분하는 것, 와이프와 이런 게 잘 맞는데 달랐다면 갈등이 있었을 것 같아요.

문해화: 문해화고요. 저희는 결혼한 지 한 10년 됐는

데 아이는 없습니다. 저는 성격이 차분하고 조용하고 남의 이야기를 잘 들어주는 편이에요. 성격적으로 남편하고 비슷한 거는 저도 호기심이 좀 많아요. 검도가 좋아서 배우다 검도 사범 생활을 한 적이 있고 연극 무대에도 주연 배우로 한 번 섰던 적이 있어요. 새로운 것을 시도하는 것에 호기심이 있어요.

그리고 제가 요즘 중요하다고 생각하는 건 어떻게 관계를 맺을 것인지입니다. 친구, 동료들과의 관계요. 전 관계 맺는 게 좀 어렵거든요. 사람을 처음 만나면 좋은 점만 보다가 시간이 지나면서 안 좋은 점이 보이기 시작하고 그것 때문에 관계를 맺기가 어렵다는 생각이 들었어요. 갈등이 있는 건 아닌데 제가 내적으로 단절하는 방식으로 마무리할 때가 있어요. 그래서 관계를 어떻게 잘 맺을 것인지에 대해 관심이 많습니다. 좋은 사람들과 관계를 잘 맺어서 삶을 풍요롭게 하고 싶은데 그러기 위해서 어떻게 해야 할까 생각하다 보니 '나 자신의 상태'가 중요하다는 생각을 했어요. 내 마음 상태가 평안해야 진심 어린 마음으로 남을 대할 수 있지 않을까요?

> 서로가 가장 소중하다는 사이좋은 부부들이 모였다. 표현의 차이는 있지만 키워드는 사람과 사람의 관계, 나의 상태, 물질적 요건들도 관계를 잘 맺기 위한 매개들이다. 특히 지금 바로 옆에 있는 내가 만들어 낸 관계가 중요하다. 원가족은 한 걸음 물러나 있다. 결혼 전에는 원

가족, 친구 순이었을 것이다.

서울시복지재단에서 발행하는 월간지에 글을 기고하고 있다. 편집장이 원고[9]를 교열하며 메일을 보냈다. 독일어 Angehörige[10]의 번역 문제였다. 나는 '친인척'이라는 단어로 번역했고 편집장은 '가족'으로 바꾸는 걸 제안했다. 그러면서 "또한 우리나라에서 흔히 친인척이라고 하면 '팔촌 이내의 잘 모르는 사람들'이라는 인상이 강해서요."라고 덧붙였다. Angehörige은 정서적으로 연결된 가까운 가족, 친척이다. 조카와 고모는 가족일까? 친척일까? 조카와 고모가 친하면 가족이고 친하지 않으면 친척인가? 친인척이라는 단어가 '모르는 사람들'이라는 인상이라니. 편집장의 문장이 여러 번 곱씹혔다. '나는 나의 8촌을 아나? 아, 전혀 모르지', '명절에 보지 않는 사촌도 있는데?', '나의 가족은 누구이며 친척은 어디까지야?'라는 질문들에 편집장의 의견을 되짚고 문맥에 맞는 단어를 찾아 정중히 답신을 보냈다.

친인척이라는 단어는 관계에서 멀어지고 있다. 어디까지가 가족이라고 생각하십니까? 일상에서 그 선이 구분되십니까? 시댁과는 안녕하십니까?

---

9 복지이슈 Today 2023년 2월호 해외동향 스위스 편 – 가족원 돌봄 노동에 대한 국가적 인정

10 Angehörige: 친척, 일족; 구성원, 회원, relative, immediate family

친밀감의 선과 바운더리

친밀감 인터뷰의 시작은 이랬습니다. MBC 예능프로그램 <나 혼자 산다>를 보는데 샤이니 멤버 키 아시죠? 키랑 민호가 술을 엄청 마신 거예요. 그리고 키네 집에서 잔 거예요. 다음날 잠에서 깬 민호가 키에게 "기범아 나 물 좀." 하니까 키가 "미친 거 아니야?" 이러는 거예요. "무슨 물을 떠다 달라 그래." 키가 녹화된 영상을 보며 같은 이야기를 하고 패널로 나왔던 코드 쿤스트도 "에이, 친구 사이에 자기가 떠다 먹어야지." 이러더라고요.

세대가 많이 다르구나. 이건 뭐지 했어요. 친구 사이에 물 떠다 달라고 해도 나는 떠줄 수 있을 것 같은데 '왜 안 되지?' 이게 좀 궁금했어요. 세대 차이인가 성별 차이인가 사람의 차이인가. 찐친이라 그렇게 말하나? 가족에게 퉁명하게 하는 것처럼. 키와 민호는 한 그룹에서 10년 이상 같이 활동하며 나이도 같은 친한 91즈로 동료와 친구로서 가족 같은 친밀감을 느낀다고 표현했는데 친한 사이에서 하는 행동과 경계에 대한 의미가 다르구나 생각이 들었죠.

도대체 이 선이 무엇인지, 친구 사이에 할 수 있는 것과 할 수 없는 것이 무엇인지, 무엇이 오버고 무엇은 가능한 걸까요? 앞서서 가장 친밀하고 소중하다고 말한 대상과 다른 관계에 대한 선을 구체화해서 표현해 주실 수 있을까요?

위형석: 가장 친밀한 사람은 와이프라고 말씀드렸

죠. 다른 관계와 비교를 해보면 일단 가장 큰 게 재정적인 것 같아요. 기본적으로 신뢰와 믿음과 사랑이 깔려 있는데 그건 감정적인 거라서 이걸 명확하게 드러내긴 쉽지 않아요. 명확하게 드러낸다면 재정적인 것을 공유하는 정도로 기준 지을 수 있을 것 같습니다. 와이프는 저와 운명의 공동체니까 내가 번 걸 집사람한테 그냥 서슴없이 다 줄 수 있고 집사람이 번 걸 나한테 다 줄 수 있죠. 우리는 그냥 하나의 공동체니까 다른 사람들과는 구분되는 거죠. 원가족인 우리 어머니한테 내 돈을 다 드리지는 않거든요. 친구한테도 다 주지 않죠. 친구들 모임에서는 각출해서 비용을 모으죠. 때로는 내가 한 번 쏠게 그러면서 식사를 한 번 쏠 수는 있지만 내가 가진 걸 다 주지는 않기 때문에 명확하게 구분할 수 있을 것 같아요.

김행자: 친한 걸로 나눠 생각해봤어요. 친구를 친하다고 하면 제 어렸을 적 얘기를 하게 되죠. 아빠가 저 8살에 돌아가셨거든요. 엄마가 29살에 혼자가 되셨어요. 그래서 친구와 친해져서 제 얘기를 하게 되면 "아빠가 일찍 돌아가셔서 엄마가 삼 남매를 혼자 키우셨어. 우리를 힘들게 키우셨어." 이렇게까지만 얘기하죠. 저희 신랑한테는 그 이상으로 더 자세히 여러 얘기들을 할 수가 있는 거예요. 친구들한테 하지 못하는 얘기를 숨김없이 할 수 있는 거 그게 친밀감이라고 생각했

어요.[11]

김진현: 저에 대해 모든 거를 다 얘기할 수 있고 보여줄 수 있고 노출이 돼도 하나도 꺼려지지 않는 관계는 가족인 거 같아요. 예를 들어서 저희 집 안에 있는 일들을 다른 사람한테는 말 못 하지만 와이프한테는 다 얘기할 수 있죠.

단위를 가족으로 말씀하셨어요. 아이한테도 다 얘기할 수 있어요?

김진현: 거의 비슷하게 다 얘기할 것 같아요. 지금 아이가 보고 있는 태블릿 PC도 제 아이디로 들어가 있거든요. 아이도 보고 와이프도 보죠. 제 일정을 핸드폰으로 저장하면 태블릿으로 다 넘어가더라고요. 이걸 와이프가 주로 더 많이 사용하는데 모든 일정이 오픈돼도 전혀 상관없어요. 혹시 내가 미리 얘기 못 해도 술 먹을 날짜와 장소가 여기 나와 있다고 얘기 해줬죠. 근데 보지도 않아요.

또 제가 최근에 살이 붙어서 배가 좀 나왔는데 집에서는 다 벗고 다니고 막춤도 추고 하죠. 다른 사람들한

---

11 인터뷰에서는 김행자 님의 이야기를 더 들을 수 있었고 글로는 남기지 않았다. 인터뷰이와 대담자는 글로 남길 수 있는 것과 없는 것을 구분했다.

테는 당연히 좀 가리게 되잖아요. 가족에게는 모든 걸 다 오픈할 수 있어요. 애한테도 다 오픈한다고 생각하는데 아직 못 알아듣는 것도 많고 그러니까. 아이와의 관계에 있어서는 조금 거리를 둬야 한다고 분명히 생각하고 있어요. 지금은 와이프보다 애한테 훨씬 더 많은 에너지와 시간을 쏟고 있죠. 오늘도 아침에 눈 뜨자마자 영어 숙제를 같이 해주고 왔어요. 그런데 점점 애한테는 어느 정도의 거리를 둬야 하지 않을까 생각하죠. 너무 많은 애정을 쏟는 게 의도치 않게 애한테 부작용이 될 수도 있어서 아이가 혼자 할 수 있는 능력을 기르도록 배려 해줘야겠더라고요.

강지영: 완전 반대인 게 저는 굳이 나쁜 얘기는 안 하려고 해요. 초반에 연애할 때도 엄청 싸웠던 게 이 사람 자체는 머리부터 발끝까지 다 솔직하게 얘기해야 '너랑 나랑 친밀하다'라고 생각하는 사람이에요. 저는 굳이 나쁜 얘기를 공유할 필요는 없다고 생각해요. 이미지라는 게 있잖아요. 우리는 남이란 말이에요. 너무 자기 거 다 까뒤집어 보여줄 필요는 없다고 생각해요. 저는 그래요. 근데 이 사람은 그냥 안 좋은 것도 다 보여주고 그러니까 처음부터 끝까지 다 똑같은 거예요. 나는 그것보다는 차라리 안 좋고 이런 모습은 그냥 조금 숨겨두죠. 남편이 저한테 되게 가식적이라고 표현했었어요.

예를 들어 저는 저희 어머니하고 아버지의 일들 중에 굳이 나쁜 얘기는 하고 싶지 않아요. 저희 어머니 아버지 이미지도 있는 거고 또 제 유년 시절 때 안 좋은 상처가 있었다 하더라도 굳이 그거를 우리 남편한테까지 얘기하고 싶지 않아요. 네이버 같은 데 '좋은 여자', '괜찮은 여자' 검색하면 글들이 많이 나온단 말이에요. 그런 것도 참고해서 저는 좋은 파트너가 되기 위해 노력해요.

그러다 싸울 때 제가 컨디션이 안 좋아서 이 사람한테 말투가 간혹 안 좋게 나갈 수도 있어요. 왜냐면 나도 몸이 안 좋을 때가 있고 아이 키우다 보면 퇴근하고 집에 오면 힘들 때가 있어요. 그냥 컨디션이 안 좋은 거거든요. 그럴 때 있잖아요. 그냥 상태가 안 좋을 때. 그럴 때 말투가 좀 안 좋죠. 그러면 그거를 저한테 막 기분 나빴다고 얘기를 하면 저는 그것조차도 해명하기가 너무 힘들었어요. 그럼 저는 '좀 넘어가면 안 될까? 나도 사람인데.'라는 생각이 드는데 남편은 솔직하게 얘기해 주길 바라고 기분 나빠하죠. 가끔은 내가 조금 서운하게 느껴져도 그냥 오늘은 저 이가 기분이 좀 안 좋은가 보다, 힘든가 보다 하면서 좀 넘어가면 안 될까 하는 생각을 합니다. 저는 사이좋게 지내려는 노력을 하고 있다고 생각해요. 노력 안 하는 관계도 있죠. 관계를 위해 얼마만큼 노력하느냐로 구분될 수 있다고 생각해요.

김진현: 너무 달라요.

강지영: 예, 너무너무 달라서.

문해화: 저도 남편이 가장 친밀하다고 생각하는데 그 이유가 같이 있으면 편안하고 재미있어요. 생긴 건 딱 재미없게 생겼는데요. 얼굴은 좀 재미없게 생겼잖아요. 근데 재밌어요. 단순하죠. 같이 있으면 좀 편안하고요. 저는 되게 조용하고 생각이 많은 성격인데 사람을 만나면 에너지가 충전되는 게 아니라 에너지를 많이 쏟고 긴장되고 그래요. 친한 친구를 만날 때도 좀 편안하지 않을 때도 있어요. 기운이 빠지는 느낌. 그런데 남편하고 있으면 그런 게 없으니까요. 편안함이 주는 에너지를 느껴요.

고청훈: 저도 배우자가 가장 친밀한 관계예요. 저는 35년 비혼주의로 산 사람과 1년 만에 결혼했거든요. 정말 35년 비혼이어서 와이프 주변 분들이 충격을 받기도 했다고 하너라고요.

우선 서로 취향이 비슷합니다. 저희가 각자 일하는 시간을 제외하고는 가장 많은 시간을 함께 보내고 있는데 즐겁고 행복해요. 이렇게 많은 시간을 타인과 보낼 수 있을까요? 같이 시간을 보내기 위해서는 서로가 잘 맞아야 하죠. 여행을 다니면 깃발을 막 찍으러 다니는 여행도 있고 한 군데 진득하게 있는 여행도 있는데 두 가지가 되게 다르잖아요. 돌아다니는 걸 좋아하는 사람이랑 정적인 사람이 같이 여행 가면 보통 싸움으로 끝나잖아요. 근데 저희는 잘 맞아요. 그러다 보니 공유하는 게 늘어나죠.

함께하는 시간에 많은 이야기를 공유합니다. 회사에서 있었던 일들도 많은 부분을 공유하거든요. 업무로 받는 스트레스를 공유한다기보다는 그냥 일, 사건 일화 이런 것들을 다 공유합니다. 와이프도 사무실에서 있었던 일들을 이야기하죠.

김행자: 저도 비슷해요. 친하더라도 제 감정과 생각을 다 얘기하지 않는 거 같고, 남편한테는 다 얘기하는 것 같아요. 세영 아빠가 제가 얘기하면 조언도 해주지만 제 감정을 읽어요. 제가 어떤 마음인지 자세하게 얘기하지 않아도 안다고 느껴져요.

위형석: 눈빛만 봐도 알죠.

김행자: 최근에 있었던 일이에요. 시댁 식구들이 김장을 하는데 원래 저희 큰 집에서 하다가 몇 년 전부터는 저희 집에서 하게 됐어요. 근데 저희 (친정)엄마는 또 삼 남매 김장을 해주시기 위해 텃밭을 가꾸세요. 배추도 하시고 고추도 하시고. 근데 그러면 엄마가 해주

는 것도 받고 시댁에서 하는 것까지 이중으로 받아야 해서 돈도 이중으로 들어요. 엄마가 해 준 김장이 있으니 시댁 김장은 좀 부담스러운 상황이 된 거예요. 그래서 '이제 시댁에서는 우리 건 안 해야겠다.' 말씀드려야지 생각했어요.

"저희는 김장 안 하겠습니다." 얘기를 해야 되는데 그 얘기 하기가 너무 고민스러운 거예요. 시어머니와 네 남매가 다 같이 하는데 말하기 너무 힘든 상황이었어요. 결국 세영 아빠가 말을 꺼냈어요. "장모님께서 배추도 하시고 무와 고추도 키우시면서 김장을 해서 저희에게 주세요. 우리는 장모님께 김장 받고 여기서는 하지 않겠어요." 말씀드렸더니 그렇게 하라고 기분 좋게 얘기해 주셨어요. 근데 그렇다고 해서 저희가 시댁 김장하는데 안 갈 수는 없는 거예요. 시어머니 것까지 같이 하는 거니까요. 이걸 얘기를 해야 하나 김장하러 가야 되나 고민하고 있을 때 세영 아빠가 "고민할 때는 그냥 가는 게 낫다." 이렇게 얘기를 하죠. "그래야지 당신 마음도 편하지 않겠냐."고 그래서 저희는 작년부터 김장을 시댁에서는 안 하지만 가서 도와는 드려요. 올해도 지난주에 김장하는 데 가서 도와드리기는 했었거든요.

위형석: 육수도 끓여서 가고요. 가서 무료 봉사하고.

김행자: 그전에 저희 집에서 할 때도 육수는 제 담당이었기 때문에 제가 김장은 하지 않더라도 육수는 끓여서 가지고 가면 서로 좋은 거예요. 시댁 분들도 저한테 "고맙다."라고 해주시고 "고생했다. 수고했다." 얘기해 주시니까 저도 기분 좋고 그렇죠. 그분들도 저희 두 손이 가니까 일을 덜 수가 있잖아요.

시시콜콜한 이야기와 감정을 남편에게는 다 말할 수 있지만 시댁 식구에게는 말을 못 한다는 건데요. 결혼 초도 아니고 결혼하신 지 20년 정도 되신 걸로 알고 있는데 아직도 왜 말하지 못할까요?[12]

김행자: 어렵죠. 너무 어려워요. 아직은 어려워. 맞아요. 우리 결혼한 지 20년이거든요. 너무 오래됐다. 그래도 어려워요. 저희 시댁이 큰 시누 작은 시누 다 같은 아파트 단지에 살아요. 시어머니는 옆 단지에 사시고. 그래서 자주 만나는데도 제 성격 자체가 소심해서일까요? 그분들 되게 좋으신 분들이고요. 싫은 게 아

---

[12] 시어머니라는 단어가 갖는 강력한 뉘앙스가 있다. 독일에서 출판한 Ute Holfelder(2009) Die Schwiegermutter(시어머니)박사논문의 서문은 '시어머니의 혀'로 시작한다. 자신의 동네 레스토랑에 있는 고기 요리 메뉴 이름은 "Die Zunge der Schwiegermutter(시어머니의 혀)"라는 것이다. 시어머니는 만국 공통어인가? '결혼한 지 10년, 20년이 넘었지만 왜 자유롭게 이야기하지 못할까?'에 대한 대답은 어느 정도 예상된다.

니라 어렵다가 맞아요.

문해화: 사실은 거절해야 할 때 말하기 어려운 거니까 나보다는 그냥 남편이 해주길 바라는 마음도 크죠. 저는 시어머니와 같이 살고 있거든요. 행자 님의 이야기와 같은 맥락인 것 같아요. 내가 너무 사랑하는 사람도 같이 생활하면 부딪히는 지점이 있잖아요. 그런데 시어머니는 존재 자체가 어렵고 또 관계를 끊을 수 있는 관계가 아니니까 가족이지만 바운더리가 달라요.

근데 어머니와 같은 공간에서 생활하다 보니까 갈등이 생기죠. 제 성격이 친구에게도 쉽게 얘기하는 편이 아닌데 시어머니와의 갈등을 조율하는 건 큰 산 같아요. 그래서 남편하고 대화를 하는데 우리 둘의 문제가 아니니 바로 합의점을 찾을 수는 없어요.

그런 어려움이 있기는 한데 어쨌든 저희는 기본적으로 대화하고 있어요. 서로 의견을 듣고 어떻게 조율할지 이야기하는 과정이에요.

고청훈: 어떻게 보면 좋은 며느리는 아니더라도 며느리의 역할로 주어진 것들이 분명히 있고 그 역할들을 수행하다 보니 어려운 일이 있죠. 갈등이 생겨요. 대화로 한 번에 해결되면 좋겠지만 그렇게 해결되지 않으니까 끊임없이 이야기하려고 하는데 다만 극단의 선택지를 던지는 건 좀 자제하려 하죠.

강지영: 며느리가 거절하는 얘기를 할 수는 있지만 아들이 하는 게 낫죠. 저는 우리 엄마랑 사는 것도 사실 힘들었기 때문에 너무 공감했어요. 저희 시댁에서는 그런 거는 없었는데 그냥 저는 제 문제인 것 같아요. 저는 며느리가 아니고 딸이 되어야겠다 싶어서 한 행동들이 시어머니에게 너무 가깝게 느껴졌을 수도 있겠다는 생각이 들었어요. 어머니는 며느리라고 생각하는데 제가 딸처럼 굴면요. 그러면 제 행동이 과한 거죠. 적당히 선이라는 게 있어야겠다고 생각했어요.

김진현: 결혼 초반에 이런 얘기를 많이 했었어요. 저는 우리도 가족이고 처가댁도 가족이고 이런 생각을 했었는데 와이프는 약간은 거리가 있어야 한다고 얘기를 했어요. 살면서 저도 제가 잘못 생각했었다고 생각하는 지점이 있었고 잘못한 건 아니지만 더 좋은 방법을 찾게 되는 것 같아요. 거리를 적당히 두는 거. 거리를 둔다는 건 기대를 좀 덜 하는 거라는 생각이 드네요.

여기서 좀 덧붙여서 질문드리면 남편분들은 혹시 처가댁과의 관계에서 이렇게 입 밖으로 못 내는 이야기나 불편함 혹은 어려움이 있나요?

김진현: 불편하다는 생각은 안 드는 것 같아요. 할 말

못 할 말의 경계는 당연히 있다고 생각하지만 그게 불편하다는 생각은 안 해 본 것 같아요. 이거는 당연히 내가 물어볼 게 아니다. 이 정도 얘기는 내가 물어볼 게 아니라 와이프를 통해서 물어봐야 된다고 생각을 하는 것 같아요. 분명히 선이 있어요. 와이프와 아이한테 대하듯이 하진 않아요.

위형석: 불합리하게도 며느리 입장에서 시댁은 어려운가 봅니다. 그런데 사위는 반대로 손님 대접을 받잖아요. 한국에서 사위는 백년손님이니까요. 사실 처가에 가면 제가 불편하고 어렵다기보다는 저희 장모님이 살짝 불편해하시는 것 같기도 해요. 저희는 경기도에 살고 있어요. 차를 갖고 부산까지 가면 장모님이 "멀리서 차 갖고 이래 부산까지 왔는데 위 서방 고생했네. 가서 자소." 그러세요. 그러면 잠도 안 오는데 '그냥 자자.' 이러고 자려고 누워요. 그러면 저 방에서 가족들이 같이 모여가지고 웃고 막 환담을 나누세요. 그래서 또 '나도 갈까?' 하다가 분위기가 '좀 더 자야 되나?' 이런 생각은 들죠. 아무래도 저보다는 오히려 장모님이 좀 어려워하시는 것 같아요. 아직도 그러면 제 탓이죠. 제 탓.

고청훈: 가끔 거절해야 할 이야기가 있죠. 장인어른이 뭘 자꾸 사서 보내시는데 장모님이 저희 집에 직접

갖다주세요. 문 앞에 두고 가시는 거죠. 우리가 가서 갖고 와도 되고 우리가 사 먹어도 되는데 그게 부모님의 마음이겠죠. 안 사셔도 된다고 해도 계속 그렇게 하는 상황들이 벌어져요. 그걸 제가 직접 거절하진 않아요. 와이프를 통해서 하는데 상황이 잘 안 바뀌죠. 고생스러우시니까 그만하시면 좋겠다는 거지 단호하게 거절할 상황은 아니니까요.

20년이 지나도 어려운 관계가 있나 봅니다. 그러면 '관계에서 많은 시간을 공유한다.'라는 측면에서 보면 직장 동료는 어떤가요? 어떻게 보면 생활 바이오리듬을 공유할 정도로 직장에서 동료들과 많은 시간을 함께 보내게 되는데 시간의 양적 측면에서 시간이 친밀감에 비례한다고 보세요?

고청훈: 대체로 모든 관계가 시간에 비례하긴 하는 것 같아요. 시간에 비례하지만 친밀감의 밀도 차가 있다는 생각이 듭니다. 아는 것과 친한 게 다르고 친한 것과 친밀한 게 다르니까요. 잘 맞는 사람, 나랑 성격이 잘 맞는다거나 하면 동료와 친해질 수 있겠죠. 직장에서 동료들과 많은 것을 공유하고 장단점도 대부분 알게 되고 사소한 습관 같은 것도 다 알게 되는데 그렇다고 해서 모든 걸 다 공유하진 않거든요. 나에 대해서 알게 됐다고 친밀해지진 않죠. 무엇이 쌓이지도 않고. 알게 되는 것과 공유하는 것은 다른 것 같아요. 해화가

우리 사무실에 있지 않아서 저의 회사생활을 자연스럽게 알게 되는 것은 없지만 저는 어떠한 사건들을 이야기하죠. 그렇게 해화는 저의 일상을 알게 되죠.

위형석: 저도 동의하는데요. 가족과 직장 동료는 관계의 목적이 너무 달라서요. 가족은 사랑해서 만나는 사람이고 직장 동료는 생계를 위해서 돈을 벌려고 만난 사람이기 때문에 목적이 너무 다르거든요. 직장 동료하고 업무 외에도 여러 가지 개인 애기도 하고 재테크 애기도 하지만 벽이 너무 명확하죠.

김진현: 회사에서 만난 사람들은 나를 제공하고 업무적인 것을 주고받죠. 한 공간에서 함께 시간을 보내고 있지만 대부분 저는 제 노트북이랑 교감하는 시간이 제일 길죠. 사람들과 교류하는 과정에서도 주고받는 내용을 최대한 이성적으로 판단하고 애기합니다. 집에서는 이성을 거의 다 내려놓고 감성적으로 애기하게 돼요. 그 차이는 아주 크다고 생각합니다. 동료는 감정적 교류보다는 각자의 위치를 인정하고 존중하려는 태도를 유지하는 관계여야 이상적이라고 생각합니다.

고청훈: 사실 남자들은 서로 감정을 교류하지 않거든요. 직장뿐 아니라 친구 관계에서도요. 고등학교, 대학교, 친구, 군대 등 많은 부류의 친구들이 있는데 그

들과 감정을 교류하지는 않아요. 친하지만 세세한 나의 감정이 교류된다고 생각하지 않아요. 생각은 공유하는데 감정을 공유하진 않으니까 친하다 친밀하다로 딱 나눠 설명하기 어렵네요. 친한 친구들을 생각하면 대부분 친밀하다고 느끼거든요. 하지만 어떤 친구들은 친하긴 한데 친밀하진 않은 것 같아요.

위형석: 저도 고 팀장님 말씀이 한 80%는 맞는 것 같아요. 친구들과는 감정보다는 주로 정치, 사회, 경제, 재테크, 취미 등에 대해 얘기하지만 감정은 많이 실려 있지 않기 때문에 80% 맞는 말씀인 거 같고, 다만 서로 호감이 가고 좋아하고 친해지고 서로 마음이 맞으면 그렇게 되잖아요. 얘기하다가 생각이 같으면 뭔가 동질감을 느끼면서 자연스럽게 친해지게 되죠. 저희 셋이 그래서 술을 마시고 있습니다.

친밀감 쌓기

> 술이 인터뷰를 부르고 친밀감이 무엇인지는 모르지만 '그냥 우리 또 만나는 거야?'라는 즐거움에 한자리에 모였다. 서로 눈을 마주치며 아이스브레이킹으로 밥도 먹고 차도 마시다 보니 한결 몸의 긴장감도 풀어졌다. 서로를 알게 되는 이 잠깐의 순간에도 말이다.

> 이 부부들은 얼마나 많은 밥을 같이 먹었을까? 10년의

밥과 20년의 대화, 셀 수 없는 이야기와 소소한 일상이 쌓였을 것이다. 친해지는 과정은 즐거움과 갈등을 동반한다. 눈이 반짝거리는 대화도 있지만 서로를 앙칼지게 쏘아대기도 하겠지. 그러다 애처롭기도 하고.

위형석: 행복하기 위해서는 순간적인 행복의 크기도 중요하지만 빈도가 중요하다는 말이 있지 않습니까? 저희도 그런 것 같아요. 친밀함은 빈도인 것 같다는 생각이 들거든요. 이벤트도 가끔 있어야 되겠지만 하루하루 루틴으로 쌓이고 무엇이든 단단해진 것 같아요.

저는 출근하기 위해서 5시에 일어나거든요. 일어나서 샤워하고 나오면 집 사람이 아직 자는 시간인데 잠결에 "오빠 잘 잤어?" 이러거나 그 말이 안 나오면 그냥 "오빠. 나 피곤한데 하여튼 잘 가." 이러거든요. 그렇게 힘든 상황에서 한마디 해주는 게 좋아서 제가 가서 볼에다 뽀뽀하기도 하고 잠 깰까 봐 뽀뽀 안 하고 그냥 나오기도 합니다.

또 제가 매일 하는 좋은 습관 중 하나가 아침에 출근하면 8시에 우리 애들하고 같이 있는 단톡방에 카톡을 보내요. 여행 갔을 때나 일상을 찍은 가족사진을 올리면서 '우리 가족 오늘도 파이팅!', '애들아 엄마 아빠는 너희를 믿어.' 이런 응원의 메시지를 보내면서 아침을 시작해요. 퇴근하고 집에 오면 집사람이 먼저 오거나 내가 먼저 올 때도 있는데 어찌 됐든 "오늘 하루 수고했어." 그러면서 서로를 안아줘요. 그리고 아내가 밥하고 설거지하고 청소하고 빨래 개는 걸 거의 많이 해요. 그래서 도와주려고 "이거는 내가 할게요." 그러면 "아니에요. 쉬어요. 힘든데." 그래요. 이렇게 저를 배려해줘요. 그 말을 들으면 저도 미안하니까 가만히 있을 수 없잖아요. 뭐라도 하게 돼요. 시키지 않았지만 미안해서라도 하는 거죠. 그러면서 친밀감이 더 쌓이는 것 같아요. 매일매일요.

김행자: 세영 아빠랑 결혼 20년 차에요. 알고 지낸 지 5년 만에 결혼했거든요. 거의 25년 알게 됐는데 처음 봤을 때랑 지금이랑 별 차이가 없어요. 외형적으로는 배도 나오고 많이 변했지만 그건 생활의 흔적이고, 성격이나 특히 저를 생각하는 마음은 변함없는 것 같아요. 그 변함없는 말이나 행동에서 신뢰가 생기는 거죠. 아까 세영 아빠가 얘기했듯이 아침마다 카톡 보내는 게 쉽지 않잖아요. 저도 보고 답장을 할 때도 있지만 바쁠 때는 안 할 때도 있거든요. 정말 힘든 일인데 그걸 매일 해요. 옛날 애들 어렸을 때 사진도 가끔 보내줘요. 그러면 그때가 생각나는 거예요. '우리 애들 이랬었지. 지금 이렇게 많이 컸구나.' 다시 보게 되고 행복했던 장면들이 생각나기도 하고요. 그런 변함없는 모습에 신뢰가 생기고 그래서 친밀감이 더 생긴 것 같아요.

그래도 살면서 갈등이 생기죠. 가족이나 남편과의

관계가 아닌 다른 곳에서 오는 갈등도 있어요. 혼자 끙끙거리다 화를 막 내요. 제가 "왜 그러는 거야.", "어떻게 이럴 수가 있어." 하면서 막 쏟아내요. 그러면 세영 아빠가 다정히 빤히 쳐다봐요. 저는 계속 화를 내고 무슨 얘기라도 해보라고 채근하면 세영 아빠가 웃으면서 저를 봐요. 그러면서 이렇게 말해요. "당신이 막 화를 내는 모습이 귀여워서 화를 내야 할지 웃어야 할지 모르겠다." 그래요. (웃음)

김진현: 요즘 말로 '서윗하다'.

김행자: 제가 막 화를 내다가도 세영 아빠가 그런 얘기를 하면 저도 그냥 "그래" 하면서 끝나는 거예요. 거기서 더 화낼 수 없으니까 그렇게 돼버리는 거죠. 그러니까 이 사람은 나를 사랑해서 그렇게 얘기해줬겠죠. 제가 감정 소모하는 게 안타까운 거예요. '왜 별일 아닌 일에 이렇게 화를 내지?'라고 생각하는 것 같더라고요. 나중에 생각해보면 진짜 화낼 일이 아닌 일에 내가 화를 냈다는 생각이 들 때가 있어요.

강지영: 말을 예쁘게 하시는구나. 별것도 아니지만 참 듣고 싶은 얘기만 딱 하시는 것 같아요.

김진현: 이건 교육으로 안 될 거야. 타고난 거죠.

이러한 따뜻한 눈빛과 대화가 쌓이고 쌓이다 보면 좀 신뢰도 쌓이고 감정도 쌓이고, 일상을 이렇게 보낸다고 하니 무언가가 단단하게 꽉 찬 느낌이 듭니다.

고청훈: 저도 친밀하다고 느끼는 순간을 대부분 일상에서 느낍니다. 어떤 한순간, 순간적이라도 그렇게 좀 느끼면서 쌓여 가는 것 같아요. 그게 신뢰일 수도 있는데 해화는 지인을 만나면 계속 남편 좋은 얘기만 한다고 본인 입으로 남편 바보라고 이야기를 한다는 거예요. 그리고 그걸 또 간접적으로 듣기도 하거든요. 그만큼 나를 믿어주고 있는 거고 좋게 평가해 주고 있죠. 나 없는 자리에서 그렇게 한다는 걸 생각하면 굉장히 가깝게 느껴져요. 또 제가 일을 할 때 같이 가야 할 일이 있거나 하면 자기 일처럼 도와주거든요.

저희가 지금 ESG 업무를 하다 보니 외부에 나가서 발표할 때가 있어요. 그러면 자기 일처럼 생각하는데 일요일 날 청년들 대상으로 특강을 해달라고 해서 가는데 본인이 매니저 역할을 하겠다는 거예요. 그날 매니저 역할을 제대로 본격적으로 하겠다고 하고는 둘이 택시를 타고 가는데 시간이 한 30분 정도 남은 상태에서 길이 막혔어요. 그랬더니 등도 못 붙이고 혼자 막 안절부절못하면서 택시 기사님에게 왜 길이 막히냐고 동동거려요. 발표는 내가 하는데 늦어도 내가 늦는 거지. 자기 일처럼 저를 챙겨요. 그럴 때 되게 친밀하게 느끼죠.

일상에서는 사실 저희가 방귀를 일찍 텄어요. 신혼 초에는 화장실에 몰래 들어가서 하니까 그냥 나와서 하라고 지금은 누가 데시벨이 더 높은가 경쟁하고 간혹 큰소리에 "옆집에서 민원 들어오겠다."라면서 장난치고 그러죠. 그럴 때 굉장히 친밀하게 느껴지는 거죠. 친한 친구들이라고 해도 그렇지 않거든요. 거의 유일한 사람이죠. 혼자 있을 때나 같이 있을 때나 내 행동이 별로 달라지지 않는 사람. 편한데 즐겁기까지 한 사람.

문해화: 저도 위 팀장님 말씀에 많이 공감해요. 빈도 말씀하셨는데 서로가 좋아하는 행동이나 말이 있잖아요. 그게 빈도가 늘고 쌓여서 친밀감이 생긴다고 느껴요. 길을 갈 때 남편 팔짱을 끼거든요. 그럼 남편이 손 안 빠지게 팔을 몸에 짝 붙이면서 여기다가(팔) 힘을 딱 주거든요. 그리고 저는 손발이 차가워서 겨울에 항상 손이 차가운데 손 차갑지 말라고 잡아주는 그 사소한 것들 그런 데서 더 쌓이는 것 같고, 남편이 말했다시피 민망한 생리 현상인데 그런 행동을 했을 때도 너무 귀엽게 봐주고 재미있게 같이 웃으면서 이야기할 수 있는 사이잖아요. 제가 무슨 이야기를 했을 때 지금까지 한 번도 제 편에서 얘기 안 해 준 적이 없는 것 같아요. 항상 내 편에서 지지해주고 긍정적인 말을 많이

하거든요.

강지영: 친밀감이요. 어떤 문제가 생겨서 내가 힘들 때 해결해야 할 부분에 대해 가장 듣고 싶은 답을 얘기해 줬던 것 같아요. 든든했어요. 제가 남들한테 못하는 얘기가 있으면 자기가 항상 악역을 한다고 얘기하는데 제 편에 서서 가족 편에 서서 그 말을 항상 해줘요. 소소한 거예요. 음식점에서 머리카락이 나오거나, 반찬이 더 필요할 때 "없으면 안 먹지." 하는 게 아니라 제가 못하는 얘기를 해줘요. 저는 그게 좋아요. 가장 잘 맞고. 전 다시 태어나도 누군가와 이렇게 맞출 생각도 없고 또 맞추려고 하면 너무 힘들 것 같아서 우리 남편이랑 다시 결혼하고 싶어요.

김진현: 일단 안 태어날걸?

강지영: 또 만나.

김진현: 일상에서 쌓이는 것도 있지만 저희는 몇 번의 큰일들이 있었어요. 처음에 애가 태어날 때 병원에서 좀 고생했죠. 그 시간이 지나면서 '되게 가까워졌다.'라는 생각이 많이 들었어요. 마음이 그렇더라고요. 그리고 와이프가 카페를 운영했는데 잘 되다 코로나 때 힘들어졌거든요. 그래서 경제적으로도 어려웠고.

저도 그렇지만 와이프가 스트레스를 굉장히 많이 받았어요. 힘들었어요. 우리 가족은 평소에 살던 방식대로 살면서 극복하려고 노력했어요. '네 탓이 아니다. 어쩔 수 없이 이렇게 된 거니 앞으로 운이 따라주면 좋은 거고.'라는 마인드로 같이 지나오면서 더 유대감이 생긴 것 같아요.

그리고 저희가 차 사고가 한 번 있었는데 그때 진짜 죽는 줄 알았어요. 큰 트럭이 저희 차를 박았는데. 차가 돌아갔죠. 애는 뒷자리에 있었고 제 자리 옆으로 큰 차가 끌고 가는 거예요. 빠져나가려면 차를 돌려야 했는데 그러면 차 뒷부분이 치이는 상황이었어요. 뒤에 와이프가 있었고 그 옆에 아이가 있었는데 순간적으로 핸들을 돌리려다가 그러면 뒤쪽을 받을 것 같으니까 계속 버텼어요.

강지영: 남편 쪽을 자꾸 끌고 가는 거야.

김진현: 이렇게 죽는구나 싶었어요.

강지영: 제 쪽은 괜찮았어요. 근데 남편이 자기 쪽으로 자꾸 핸들을 꺾으니까 찌그러져서 남편은 그냥 쪼일 것 같더라고요. 그때 '하느님 제발요….' 이러면서 제가 소리치고 하니까 그때 남편이 들었던 것 같아요. 계속 '제발 살려주세요.' 그랬던 것 같아. 남편이 죽

을까 봐.

김진현: 아무튼 그렇게 충격적인 사고라든지 아니면 어려운 일들을 겪으면서 좀 더 친밀해진다고 해야 되나. 훨씬 깊어지고 더 끈끈한 유대감이 쌓인 것 같아요. 그럴 때마다 점점 감정이 커지는 것 같고 솔직히 결혼하기 전까지만 해도 저는 남자들만 만나니까 "재밌었어.", "이거 재미없었어."였는데, 눈물이 나고 이런 건 전혀 없었는데, 가족이 생기고 같이 살아가면서 감정적이 되는 상황들이 많이 생기는 것 같아요.

갑자기 궁금해졌습니다. 이게 언제 와르르 무너질까요. 이 정도로 견고하게 쌓인 관계인데 어떤 상황이 되면 무너질까요?

고청훈: 이전에 저희가 인터뷰한 커플이 있는데 그때 이야기를 하면서 든 생각이 결국 친밀감은 쌓이는 건데 물탱크에 물이 차듯이 쌓이는 게 아닐까? 그런데 물탱크에 물을 막 채우는 와중에 물이 빠질 때도 있겠죠. 시간이 지나 관계가 소원해지면 말이에요.
저희는 한 번에 빠지지 않을 만큼은 찬 것 같은 거죠. 그래서 설사 물탱크에 금이 가는 행동과 말이 있더라도 친밀감이라는 전체 유량은 차 있으니 이게 다 고갈되지 않는 한 다시 회복할 수 있는 여지가 있다고 생각합니다.

위형석: 인간인지라 전혀 없다고 할 수는 없을 것 같아요. 사랑하고 결혼하고 친밀감을 느끼며 살고 있는데 모든 게 신뢰와 사랑이 기반인 거죠. 거짓말을 한다면 한 번 두 번 세 번 넘어가겠지만 계속 반복적으로 한다면 신뢰가 무너질 수 있을 것 같아요. 물론 다시 한번 재고할 여지는 있겠죠. 부부 관계도 신뢰에 기반해서 사랑이 만들어진 거기 때문에 아가페적인 사랑으로 무슨 일이 있든지 영원히 사랑하는 게 안 될 것 같아요. 인간인지라 그런 일이 생기면 신뢰가 무너져 사랑도 친밀감도 무너져버릴 수 있지 않을까 생각됩니다. 그래서 부부 관계지만 긴장의 끈을 놓지 않고 서로 신뢰할 수 있도록 노력해야 하고 그렇게 관계를 유지해야 한다고 생각해요.

김진현: 지금은 신뢰가 무너지는 상황은 발생하지 않을 거라 확신하는 단계에 온 것 같아요. 결혼한 지 진짜 얼마 안 됐을 때 막 다투고 이랬을 때는 신뢰가 빨리 무너질 수 있었을 것 같아요. 지금은 그렇게 긴 시간이 아닌데도 되게 단단하다고 해야 하나. 그런 생각이 드는데요. 지금은 단단하다. 많은 문제들을 같이 겪어왔었기 때문에 그런지 꽤 견고해져서 와르르 무너지는 일은 없을 것 같아요.

문해화: 전 사람이기 때문에 그럴 수 있다는 생각이

드는데요. 어떻게 올지는 모르지만 의도하지 않았던 의도했던 언제든 올 수 있다고 생각해요. 저희 남편은 한결같은 편이에요. 10년째. 연애할 때랑 지금이랑 크게 변화가 없기는 한데 그래서 저는 이 사람이 변하면 쉽게 알 수 있을 것 같아요. 변화와 균열을 감지하면 신뢰가 깨지고 관계도 깨질 수 있다고도 봐요. 그래서 관계를 유지하기 위한 노력을 해야 한다고 생각해요.

어떤 노력을 하시나요?

문해화: 일생을 함께해야 하잖아요. 너무 다른 두 사람이 만났으니 조율이 필요해요. 둘 사이에 역할 분담이 자연스럽게 되는데 그중에 내가 잘하는 거는 되도록 그냥 내가 하려고 해요. 예를 들면 같이 집에 있으면 집안일을 해야 하잖아요. 내가 청소를 더 잘해, 요리도 좀 더 잘해, 정리도 좀 더 잘해 그래서 그거를 제가 해요. 그 일을 하는 동안 남편은 책을 보더라고요. 불만이 있었던 때가 있었어요. 그런데 남편이 책을 보면서 어쨌든 본인 능력을 발휘할 때가 있잖아요. 그게 저는 보완이 되더라고요. '내가 잘하는 건 내가 하면 되고 남편이 잘하는 건 남편이 하면 되지.'라는 생각이 들었어요. 그렇게 서로가 조율하니 별로 서운하지 않아요.

그리고 남편이 얘기하는 게 재밌고 좋아요. 그래서

인지 더 잘 들으려고 해요. 남편이 사회생활을 이야기할 때 그냥 너무 좋거든요. 서로의 사회생활은 함께하는 시간이 아니라서 이야기해주지 않으면 나는 어떻게 생활하는지 전혀 알 수가 없잖아요. 그래서 저는 의식적으로 남편이 직장 이야기를 하면 정말 잘 들으려고 노력해요. 아까 남편이 제가 남편을 잘 알고 있다고 이야기하더라고요. 제가 한 노력이 효과가 있었구나 하면서 약간 뿌듯한 느낌이 들었어요.

고청훈: 저희도 갈등이 있고 의견이 다를 때도 있죠. 행동 방식도 다를 때가 있어요. 여행 가면 해화는 호텔을 내 집처럼 쓰는 거예요. 전 평소에는 캐리어에서 짐을 안 꺼내고 사용했는데 해화는 내 집처럼 세팅을 해놔요. 처음에는 어색했어요. 지금은 호텔이라는 낯선 공간이 집 같은 느낌이 들어서 그게 더 편하더라고요. 다름이 나쁘지 않다고 느껴요. 맞춰가는 것도 맞춰지는 것도 있어요. 해화라서 그런 건지는 잘 모르겠지만.

그리고 저희는 대화를 많이 하는 편이에요. 생각과 가치관도 공유하고 대화 주제나 깊이와 범위가 점점 넓어져요. 밀도도 있고. 자연스럽게 일, 감정, 관계에 대한 평가나 고민 갈등을 거리낌 없이 이야기해요. 대화를 많이 하다 보니 대화를 논쟁처럼 하지 않으려고 노력해요. 상대의 감정을 우선 다 들어주죠. 어떤 관계에서는 논쟁처럼 이건 네가 잘했어 잘못했어 혹은 내 생각을 어필하기도 하는데, 우리 관계에서는 감정을 이해하려고 노력해요. 해화가 유일해요.

위형석: 처음에는 의식적인 노력으로 시작하죠. 매일 돌아가는 일상의 패턴이 지금은 노력을 안 해도 자연스럽게 되지만 처음에는 노력이었던 것 같아요. 처음에는 카톡을 보내는 것도 물론 사랑해서 응원하기 위해서 했던 거지만 약간의 노력이 필요했어요. 이제는 습관이 되면서 시간이 되면 자동으로 보내게 돼요. 또 퇴근하고 와서 애들을 맞을 때요. 예를 들면 소파에 앉아있는데 애들이 학원 끝나고 문 열고 들어오잖아요. 이게 푹 퍼져 있는데 일어나기 싫거든요. 근데 일어나서 "다녀왔어?" 그러면서 반갑게 맞아 주는 거. 그게 작은 노력인데 해보니까 하나도 힘들지 않아요. 집에 들어오는 사람 입장에서는 밖에서 들어왔는데 누가 나를 안에서 반갑게 맞이해 준다면 따뜻하겠죠.

김행자: 저는 예전에는 주말이면 침대와 한 몸이 돼서 세영 아빠가 어디 나가자고 하면 나가기 싫었어요. 지금은 많이 변한 것 같아요. 저도 세영 아빠가 어디로 여행 가자고 하면 제가 계획을 세우죠. 노력한 거예요. 거기에 가서 여기는 몇 시에 갔다가 또 여기 갔다가 맛집은 어디 가고 이런 계획을 제가 다 짜면 계획에 따라 세영 아빠가 같이 움직여 주거든요. 제가 할

수 있는 걸 하려고 해요.

또 하나 마음 쓰는 건 저녁밥이요. 가족이 다 같이 밥 먹을 수 있는 시간이 저녁 시간밖에 없잖아요. 아침에 밥을 해놓고 가면 애들 점심 먹고 나면 밥이 남는단 말이에요. 그럼 밥을 또 해야 하나 말아야 하나 고민을 해요. 남은걸 먹고 말지 하다가 또 다 같이 먹을 수 있는 시간이 저녁 시간 딱 1시간이니까. 새 밥이 맛있잖아요. 금방 한 밥이. 더 맛있는 밥을 해주고 싶은 마음에 따뜻하게 새 밥을 해주려고 해요. 반찬은 화려하지 않지만 따뜻한 밥을 주고 싶은 마음에 밥을 해요. 또 저녁 식사 시간이 그날 애들에게 있었던 감사했던 일, 즐거웠던 일을 물어보고 듣는 시간이었거든요. 그래서 더 노력했던 것 같아요.

위형석: 예전에는 저희가 아이들 용돈을 줄 때 포인트를 쌓아야 했거든요. 오늘 있었던 일 즐거웠던 일 또는 감사한 일을 얘기하면 포인트를 올려줘요. 그리고 모이면 용돈을 주고 그랬거든요. 애들한테 좀 식탁 교육을 긍정적으로 하기 위해서 했었는데 지금은 이제 애들이 커서 말해보라고 해도 안 해요. 이제 감사한 일을 당연하다고 생각하더라고요. 다 커서 그런 거겠죠?

김행자: 아이들 어렸을 때 그런 시간은 꼭 필요한 것 같아요. 조그만 거에도 감사할 줄 알아야 할 것 같아요.

김진현: 전 일 때문에 외식할 일이 많으니까 최대한 집에서 저녁 시간을 같이하려고 해요. 집 안에서 최대한 시간을 많이 보내려고 하고 제 개인 시간이 필요하면 이른 새벽 시간이라든지 시간을 조절해서 씁니다. 아주 사소한 노력을 말하면, 애 씻기러 들어갈 때인데요. 제가 항상 화장실 샤워 부스 안에 들어갈 때 맨발로 들어가거든요. 와이프가 맨발로 들어가는 걸 되게 싫어해요. 신발 신고 다니라고 화장실에서 슬리퍼 신고 다니라고. 그래서 슬리퍼 신으려고 해요.

슬리퍼 신는 노력을 하신다는 거죠.

김진현: 하루는 안 신고 들어가니까 애가 얘기해요. "아빠 안 신으면 엄마한테 혼나." 애와 와이프, 저는 가족이잖아요. 하나의 룰로 지내는 게 좋고 깨끗한 게 좋으니까. 그런 말 하는 애한테도 미안하고.

강지영: 남편은 좀 털털하고 저는 좀 깔끔한 편이에요. 제 생각에 화장실 바닥이 더러운데 남편은 자꾸 맨발로 들어가요. 그래서 "미안한데 신발 좀 신고 가면 안 될까?" 이러면 "뭐 어때서?" 이래요. 그러면 화장실 청소를 더 해야 하니까 힘들더라고요. 근데 지금은 많이 좋아졌어요. 남편이 아이 생기니까 청소도 해요. 고마워요. 전에는 안 했거든요. 청소에 대해 서로 의견

이 달랐는데 지금은 많이 맞춰지는 것 같아요. 원래 남편이 그렇게까지 맞추는 성격은 아닌데 살면서 아이가 생기니 맞춰가는 것 같아요.

파고드는 손과 튀어나온 눈썹

해화는 나의 대학 동기다. 대학 시절 그녀는 술을 마시지 않았었는데 지금은 동기 모임에 와서도 소주에 깔라만시를 넣어 홀짝홀짝 잘도 마신다. 결혼 후에 남편과 술을 마시기 시작했는데 그게 좋단다. 그러면서 웃는다. 해화 남편과 같이 보게 되면 둘은 손을 꼭 잡거나 혹은 손가락만 설렁설렁 걸고 다닌다. 둘이 친한가 보다. 누가 내 손을 잡을 수 있지? 꼭, 꽉, 설렁, 살포시.

위형석: 손잡고 다니면 친한 거잖아요. 친밀한 거잖아요. 안 친한 사람하고 손 안 잡죠. 우리는 항상 손을 잡고 걸어요. 주위에서는 닭살 커플이라고 하죠. 닭살 커플은 좋은 말 아닌가요?

아침에 일어났을 때 집사람이 "오빠 일어났어?"라고 말 한마디 해주고 눈 마주치고 허그하고. 거기에 다 들어 있거든요. 감정에 대해서 언어나 눈빛이나 몸짓으로 표현해 줬을 때 직접적으로 "사랑해." 하지 않더라도 아는 것 같아요.

예전 부모님 세대는 표현 하나도 안 하고 내 마음 알겠지 하고 살기도 했겠죠. 우리는 자주 표현하고 있고 자주 표현해야 정확하게 아는 것 같아요. 좋아하면 좋아한다고 표현해주고 그런 게 필요해요. 우리의 스킨십은 애정 표현이에요.

사전 인터뷰 때 말씀하셨는데 스킨십이나 신체적 접촉이 굉장히 '무의식적으로 일어나는 어떤 행위'라는 말씀을 하셨거든요. 신체적으로 접촉하게 되면 그것 자체로 끈끈한 유대감을 갖게 된다고 하셨는데 무의식적 행위의 작용에 대해 쉽게 이야기해주실 수 있을까요?

위형석: 집사람을 안고 자면 되게 편안해요. 세상을 다 갖는 느낌이 있어요. 이렇게 안아서 '스킨쉽을 해야지.'가 아니라 자연스럽게 안아요. 그리고 그렇게 있는 것만으로도 포근해서 잠도 잘 오죠. 그래서 나 좀 재워달라고 합니다.

김행자: 딸도 저를 안고 있으면 잠이 잘 온다고 해요. 제가 살이 많아서 그런가. 엄마 살냄새가 좋다면서 딸도 저를 안고 자려고 해요.

위형석: 산책하는데 따뜻한 체온을 느끼면서 서로 신체 교류를 하면서 걸었을 때, 손을 잡고 걸었을 때 아무 말을 안 해도 그냥 좋은 느낌이죠. "사랑해."라고 말로 표현하잖아요. 그것과 손을 잡고 있는게 같은 감

정이에요. 어느 순간은 더 따뜻하죠.

문해화: 정서적인 교류와 신체적 교류는 같은 말인 거 같아요. 사랑한다는 말의 표현 방식이 다르지. 결국은 그 말이에요. 손이 맞닿았을 때 감정이 맞닿는다는 느낌이 드는 것 같고 그걸 좋아하니까 아침에 포옹해주고 "사랑해."라고 인사해요. 그게 좋은 영향을 미치기 때문에 계속하는 거 같아요.

고청훈: 손잡는 게 되게 중요한 게 제가 연애할 때 손도 못 잡게 해서 옷을 살짝 잡거나 가방을 잡거나 그렇게 다녔거든요. 정말 손도 못 잡게 하는 거야. 근데 3개월쯤 지나서 손을 딱 잡게 됐죠.

손을 잡았을 때는 어떤 느낌이었을까요? 손을 딱 잡게 됐을 때 친해진 느낌이었나요?

고청훈: 신뢰를 얻은 것 같은 느낌. 연애 초반이었어요. 대학로에 식사하러 가는데 저 앞에 머리가 하얀 노부부가 손을 꼭 잡고 걸어가시더라고요. 그 모습이 너무 좋은 거예요. "우리도 저렇게 나이 들어가자."라고 했죠. 손잡을 때마다 그 생각이 많이 나요. 우리가 지향하고자 했던 노부부의 모습을 재현하는 의미도 있어요.

문해화: 손을 잡는 일은 저희 관계에 긍정적인 영향을 미치는 것 같아요. 스킨십이 비타민 같은 영양제 역할을 하는 거죠. 물론 그게 없어도 살긴 하죠. 영양제가 생존의 필수 조건은 아니잖아요. 영양제를 먹으면 진짜 실제로 건강해질 수도 있고 아니면 플라시보처럼 건강해졌다고 느끼는 착각일 수도 있긴 한데 저희 관계에서는 비타민 같은 역할을 확실히 하는 것 같아요. 소주의 깔라만시처럼.

강지영: 들으면서 우리 부부랑은 다르다고 생각했어요. 저희는 스킨십 자체를 안 하고 사는데 저는 손잡는 거 좋아하고 스킨십도 좋거든요. 손잡는 건 나만 좋다고 되는 게 아니라 남편도 좋아야 되잖아요. 남편은 싫어하는데 제가 계속 일방적으로 그럴 수는 없잖아요. 저는 남편이 좋아할 수 있는 방법으로 해요. 남편이 웃을 때 정말 웃기면 14개 이가 다 보여요.

저희가 처음 만나서 밥을 먹었는데 소고기를 먹었거든요. 제가 돼지고기를 안 좋아해서 소고기를 먹고 제가 결제했어요. 남편이 영화를 냈거든요. 고기를 결제했다고 하니까 갑자기 놀라는 거에요. 함박웃음을 지으면서 저는 그 환한 웃음이 보기 좋았어요.

예전 회사 과장님이 혹시 살면서 14개 이를 본 적 있냐고 묻는데 저는 있다고. 고깃값 결제했을 때. 저는 이를 14개 보여 주면서 사는 것도 우리 부부만의 것이라서 제가 남편이 웃을 수 있도록 웃겨줘요.

그리고 남편도 남편의 방법으로 나를 웃겨줘요. 남편은 항상 술 먹으면 막 코믹 댄스도 추고요. 너무 웃긴 거예요. 그럼 나도 남편을 웃겨줘야겠다고 생각하죠. 저희는 손도 안 잡고 남매 같고 또 사랑한다는 표현도 잘 못 하지만 서로 웃기는 걸로 부부 관계는 더 돈독해지는 것 같아요.

김진현: 비타민 애기를 하셨는데 무조건 스킨십이 필수 조건은 아니라는 생각이 들어요. 아마 카페 정리할 때쯤이었을 것 같아요. 그전에는 출근할 때 뽀뽀도 하고 그런 적 있었어요. 일찍인데도 계속 깨서 일어났어요. 잠깐이라도 일어났어.

강지영: 있었네. 대박인데요?

김진현: 기억을 못 하는⋯.

강지영: 짧게 있었어요.

김진현: 우리는 서로 재밌는 말과 행동을 많이 하는 것 같아요. 다른 사람들한테 안 보여주는 모습인데 우리 가족 안에서만 해요. 집에서는 노래 나오면 제가 따라 부르고 이런 경우가 많아요. 집에서는 시끄럽다고

하는데 한 번은 처가댁에 갔는데 낮이었어요. 노래 얘기가 나오더니 조카가 기타를 치는데 저보고 노래를 하라는 거예요. 술도 안 먹고 거기서 맨정신에 지금. 집에 우리 셋이 있을 때 저한테 노래해달라고 하는 거는 아무 거리낌이 없는데 똑같은 멤버에 처가 식구들이 있으니까 거기서는 도저히 못 하겠더라고요. 우리끼리 있을 때만 할 수 있어요.

강지영: 아, 저희도 스킨십이 있어요. 남편 얼굴을 보면 눈썹이 다른 사람보다 좀 많이 튀어나왔어요. 석고상 중에 아그리파 아세요? 제가 아그리파라고 얘기하면서 눈썹을 잡아요. 그럼 남편은 어떻게든 안 잡히려고 용을 써요. 안경을 쓰고 누워있을 때가 많은데 안경을 벗겨주겠다고 했다가 이렇게 잡아요. 그리고 머리 뒤에 좀 까칠까칠한 부분이 있잖아요. "오늘 잘 있었어?" 하면서 여기 까칠까칠한 부분을 싹 만져요. 그러면 애도 저 때문에 같이 아빠한테 이래요.

김진현: 애도 와가지고 눈썹을 잡아요.

강지영: 너무 좋더라고요. 여기 이렇게 까칠까칠한데요. 그래서 만지면 하지 말라고 해요. 되게 싫다고 하는데 또 한편으로 되게 좋아하더라고요. 잡힐 때마다 14개 이가 보여요. 자기 전에 꼭 해주고 있어요.

친밀감에 대한 소고

> 인터뷰를 진행하며 놀란 것은 친밀감을 정의하는 이론가들의 정의나 차원이 일반인들의 입을 통해 나온다는 것이다. Kieffer는 친밀감은 '다른 사람과의 강력한 지적, 신체적, 정서적 의사소통을 통해 자아의 실체를 경험하는 것'이라고 했고 Biddle은 친밀감은 폭, 개방성, 깊이의 세 차원을 이야기하며 무엇을 공유하느냐, 얼마나 자기 노출을 하느냐, 깊이 알고 있느냐를 구분 지어 설명했다. 우리의 친밀감 인터뷰 전체를 차분히 소고해 보면 반복되는 단어들이 눈에 들어올 것이다. 그 정의 또한 다채롭지만 분명한 맥락이 있다.

술 마시며 가볍게 던진 친밀감이라는 단어가 오늘 하루 무한 반복되고 있는데요. 이렇게 인터뷰를 하면서 생각도 정리되실 것 같아요. 마지막으로 각자 생각하는 친밀감에 대한 정의나 인터뷰 소회를 편하게 말씀해 주실 수 있을까요.

김진현: 생각이 바뀌고 이런 건 없는 것 같아요. 제가 지금 가장 우선하는 것은 가족이고 우리 가정이 가장 안정적이라고 생각하고 되게 굳건하다고 생각하기 때문에 그래서 더더욱 크게 생각이 바뀌지는 않는 것 같아요. 기본적으로 친밀하다는 건 내가 느꼈을 때 친밀하다는 것이기 때문에 내가 그 사람한테 최대한 솔직하게 보여 줄 수 있는 생각, 행동의 정도라고 생각해

요. 또한 상대방이 느끼는 친밀감도 중요하겠죠.

강지영: 저는 이 자리에 와서 너무 도움이 된 거 같은데요. 나만 이렇게 살까 싶을 때가 가끔 있었거든요. 다른 사람들은 관계에 있어서 어떻게 지낼까 정말 궁금했었는데, TV에서만 보는 얘기가 아니라 남편의 지인분들, 와이프 분들 행복하게 사는 모습을 봐서 너무 좋았고요. 또 두 부부도 우리처럼 사는구나 알게 된 것도 있고 이야기 나눠서 좋았어요. 저희도 좋은 분들 보면서 앞으로 저렇게 한번 해 볼까 이런 생각도 잠깐잠깐 들었어요.

김행자: 처음에 친밀감을 이야기했을 때 되게 부담스럽고 어떻게 얘기해야 할지 막막했었는데 가족을 생각하고 남편만 생각하니까 조금 더 쉽게 표현할 수 있었어요. 남편이 저한테 이렇게 대해주는 게 그게 바로 친밀감인 것 같아요. 대화하지 않으면 감정을 알 수가 없잖아요. 제가 어떤 마음인지 세영 아빠가 어떤 생각을 하고 있는지 때로는 대화가 안 될 때도 있고 충돌될 때도 있기는 하지만 끊임없이 서로가 교류하고 표현해야 하는 것 같아요. 그 과정에서 친밀감이 느껴지는 것 같아요.

위형석: 저도 친밀감을 주제로 인터뷰한다고 했을

때 친밀감이 알 것도 같은데 되게 모르는 단어였어요. 친한 거 친밀한 거 이 단어들이 비슷한 것 같아서 사전 인터뷰할 때 되게 헤맸어요. 친밀함에 대한 얘기를 하기가 어려워서, 정확한 정의가 뭔지 몰라서요. 인터뷰 전에 네이버 사전에 찾아보니까 지내는 사이가 매우 친하고 가까운 느낌이더라고요. 그러면 친밀한 사람들이 꽤 많네. 그러면서 인터뷰 취지를 봤을 때 그중에서도 누가 가장 친밀하냐는 얘기인 거 같은데 '당연히 그러면 당연히 우리 와이프가 가장 친밀하지.'라는 결론이었어요. 친밀한 이유는 과거에도 현재에도 미래에도 사랑하는 내 인생의 동반자이기 때문입니다.

친밀함에 대한 정의를 다시 생각해 볼 수 있었고 또 마음을 정리할 수 있는 시간이 돼서 집사람에 대한 고마움도 느낄 수 있어서 좋은 시간이었고요. 특히 오늘 이 자리를 마련해 준 우리 고청훈 팀장님 우리가 술자리에서 그냥 의기투합해서 놀자 그랬는데 노는 거 이상으로 의미 있는 시간을 갖게 해주셔서 고맙습니다.

고청훈: 저희는 인터뷰어로 한 4개월 전에 이 주제를 가지고 다른 커플을 인터뷰했었는데 그때도 이 친밀감에 대해서 생각을 했어요. 그때도 굉장히 친숙하지만 되게 낯선 단어라고 생각했습니다.

저희가 인터뷰를 준비하면서 '친밀감이 뭘까? 이게 길과 같다'라는 이야기를 했어요. 산에 난 길이 누군가가 애써서 길을 낸 게 아니라 많은 사람이 왔다 갔다 계속 왕래하다 보니까 생겨나는 거잖아요. 길은 사람이 왕래하지 않으면 결국 다시 없어지는 거고. 그래서 애써 가꿔야 하는 관계라고 생각을 했는데 오늘 인터뷰를 하니 눈으로만 보이는 길만이 아니라 보이지 않는 길 어떻게 보면 서로를 이어주는 보이지 않는 끈과 같은 게 아닐까 싶습니다. 꼭 보여야만 친밀감이 생기는 것은 아니고 보이지 않는 끈이 중력과 같이 끌어당기고 서로 멀어지지 않게 하는 힘을 갖는 게 친밀감이지 않을까 하는 생각이 들더라고요.

소감은 술자리에서 강릉에 놀러 가자는 이야기 중에 제가 했던 친밀감 커플 인터뷰의 긍정적인 영향이 너무 좋아서 강릉에서의 인터뷰를 제안했던 건데 선뜻 응해주셔서 감사합니다. 어떻게 보면 우리가 친밀하다고까지는 아닐 수도 있지만 이런 시간들이 우리를 결국 더 친밀하게 할 거라고 생각해요. 다음에는 제가 강릉에서 자리를 한번 만들겠습니다.

문해화: 비하인드 하나 말씀드리면 사실 제가 아까 시어머니랑 이런저런 어려움이 있다고 말씀드렸어요. 2주 전에 한 번 큰 갈등이 있어서 이런 기분으로 집단 인터뷰를 할 수 없다. 그래서 기획자가 친구니까 다음 날 바로 친구 집에 찾아갔어요. 사실은 지난 주말에 이런저런 일이 있어서 이걸 할 수 있을지 모르겠다. 자신

이 없다. 주제가 친밀감이고 나는 이러한 상태인데 가능할까에 대해 이야기했어요. 근데 친구는 그런 사건이 있긴 하지만 둘 관계의 친밀한 감정이 깨진 건 아니고 둘 사이가 벌어진 건 아니니 진행해도 무방할 것 같다고 얘기를 해줬죠. 그리고 남편과 대화를 시작했어요. 하루 이틀 서로 감정을 풀고 대화를 나누고 그럼 진행하자 해서 온 거였는데 하길 잘했다는 생각이 드네요.

얘기하다 보니까 제가 남편한테 어떤 친밀감을 느꼈는지에 대한 이야기를 많이 하면서 새삼 이분이 고마운 존재라는 게 느껴졌어요. 항상 나를 위해서 많이 배려했던 사람인데 내가 그런 고마움을 잊고 어쨌든 나의 입장에 빠진 거잖아요. 어머니랑 같이 사는 게 힘든 상황이긴 하지만 거기에 너무 매몰돼서 진짜 본질적으로 중요한 관계, 남편과의 관계를 덮어버리는 시기가 있었던 거예요. 남편과의 관계, 그 친밀감에 몰입할 수 있어 좋았습니다.

Outro

요즘에는 유튜브에 쿠키 영상이 들어가더군요. 우리도 하나 만들어 보죠. 서로를 알기 위해서는 시시콜콜한 이야기를 나누며 시작하는데 보통 타인의 러브스토리에 관심이 있지 않으십니까? 서로는 어떻게 만나 반하게 되셨나요?

고청훈: 처음 만난 날이 크리스마스 연휴가 시작되는 금요일 저녁 5시. 퇴근 한 시간 전에 전화가 왔어요. 방과 후 학교 원장님이신데 회사에서 봉사활동을 하면서 알게 된 분이었고 원장님이랑 저희가 술자리를 할 때 결혼하셨으니까 형님이랑도 한번 같이 술자리를 하자고 몇 년 전에 직원들이랑 이야기를 했었어요.

보통 그런 기관에서 전화가 오면 도움이 필요하구나, 우리가 해드려야지 하는 생각이 바로 들곤 하는데, 그날 저녁 5시에 원장님에게 전화가 와서 혹시 오늘 저녁에 시간 있냐고 물으시더라고요. '아 우리의 도움이 필요하구나.' 해서 "네. 시간이 있습니다." 말씀드렸죠. 그랬더니 남편이랑 삼겹살을 먹을 건데 집으로 오라고 하시더라고요.

그래서 아무 생각 없이 예전에 술자리를 하자고 했으니까 알겠다. 제가 가겠다고 했는데 전화를 끊을 때쯤 "모르는 여자가 한 명 있을 거야. 편하게 그냥 와." 이렇게 얘기를 하시더라고요. 알았다고 하고 전화를 끊었는데 크리스마스 연휴 금요일 저녁 5시에 전화했는데 약속 없는 남자 이거 너무 찌질한데? 생각이 들어서 가지 말까 싶다가 간다고 했으니까 가야겠다. 가서 문을 딱 열었는데 저 뒤에 모르는 분이 있는데 정말 자기 집처럼 인사를 하는 거예요. 자기 집인 것처럼 환한 얼굴로. 지금도 그렇게 웃지 않거든요. 아니면 제가 그때 뭐가 씌었는지 정말 환하게 집주인처럼 인사하는 그 모습이 너무 좋았어요.

원래 계획이 셋이서 삼겹살 파티를 하기로 하고 제가 1시간 전에 급조된 거잖아요. 가니까 해화가 게임도 많이 준비해놨더라고요. 보통 이런 모임에서 게임을 할 때 스피드 퀴즈 이런 거 안 하잖아요. 스피드 퀴즈를 준비해 왔는데 진행을 너무 몰입해서 열심히 하는 거예요. 의외의 모습이기도 했고 그때는 몰랐는데 해화가 승부욕이 있어요. 그때도 게임을 승부욕으로 진행했던 것 같아요. 게임을 하는 것도 몰입하는 것도 다 마음에 들었던 거 같아요. 그날 그 환한 얼굴이 아직도 뇌리에 박혀있습니다. (웃음)

그리고 조금 더 반한 사진이 있어요. 해화가 직장에서 행사를 마치고 광화문대로 한복판에서 사진을 찍어서 보내 준 적이 있어요. 그때 한 손에는 우산을, 다른 손에는 쓰레기를 주위 모은 검은 비닐을 들고 있었어요. 보통 행사가 끝나고 사진을 찍을 때 짐을 안 들고 찍잖아요. 그런데 광화문대로 한복판에서 검정 비닐을 들고 해맑게 웃으며 사진을 찍은 거예요. 허례허식이 없어 보였어요. 그게 참 좋았어요.[13]

---

13 인터뷰가 끝나고 해화와 고청훈 선생에게 그 사진을 보내 달라고 했다. 아이폰4에 있던 그 사진을 충전기를 구매해 어렵게 전달받았다. 기억에 오류가 있다고 했다. 검은 봉지가 아니라 흰 봉지였다. 그게 문제가 아니잖아. 사진 속 해화는 별로 예쁘지 않았다. 해화는 해맑게 웃지도 않았다. 이야기가 콩깍지에 꼬였다.

문해화: 저도 좋았던 장면이 있어요. 연애 시절에 남편이 감사팀에 근무하고 있었거든요. 우연히 남편 출장 캐리어를 봤는데, 짐이 정갈하게 정리되어 있는 거예요. 평소에 정리 정돈을 좋아하는 성격이라 남편의 깔끔한 캐리어를 보는 순간 호감도가 급상승했어요. 저에게는 그때가 결정적인 장면이에요.

위형석: 이거는 저희 애들한테는 비밀이에요. 저희가 애들한테는 "엄마 아빠는 도서관에서 공부하다가 만났어." 그랬거든요. 실상은 1999년 4월 3일 11시경 제가 부산 집사람 집 근처에 갈 일이 있었는데 약간 언덕이었어요. 집사람이 이렇게 아래에서 걸어 올라오는데 머리끝부터, 얼굴, 어깨, 허리, 다리 등 차례로 보이기 시작했어요. 하얀 얼굴에 인상이 너무 좋고 착해 보이고, 사랑스러운 거예요. 첫눈에 반한 거죠. 바로 그 자리에서 집사람에게 말을 걸었어요. 마침 그곳이 집사람 사는 곳 근처였는데, 복도식 아파트였기 때문에 어느 집으로 들어가는지 보이는 거예요. 그때 이분을 놓치고 싶지 않았고 일생의 한 번뿐인 기회일 수 있기 때문에 용기를 내고 싶었어요. 태어나서 처음이자 마지막으로 큰마음 먹고 처음 본 사람의 집으로 찾아가 딩동 하고 벨을 눌렀어요.

그때 시절에는 그게 통했어요. 지금 그러면 범죄지요. 난리 나는데. 장모님이 나오셔서 인사드렸어요.

"안녕하세요. 따님이 너무 마음에 듭니다. 혹시 제가 연락을 해도 될까요?"라고 말씀드렸죠. 장모님이 이상한 사람으로는 안 봤나 봐요. "그래. 너무 늦게 전화하지 말고."라고 말씀해 주셔서 집사람을 본 첫날 장모님께 연락해도 된다는 허락을 받았어요. 너무 기뻤습니다.

김행자: 그리고 세영 아빠는 다시 서울로 올라가야 되는 상황이었는데 저는 그냥 장난인 줄 알았어요. 자기를 소개하는데 뭔가 신뢰가 드는 거예요. 사기꾼이란 생각이 전혀 안 들 만큼 눈빛이나 말투에 진실함이 느껴졌어요. 그리고 한 달 내내 토요일마다 내려오는 거예요. 그래서 제가 만나다가 괜찮다고 생각했어요. 세영 아빠가 사귀어보자고 해서 그때부터 사귀고 장거리 연애가 시작됐죠.

고청훈: 영화로 만들어도 손색이 없겠어요.

강지영: 우리는 특별하진 않아요. 처음 만났을 때 사실 저희 남편은 제 스타일이 아니었어요. IT 회사 다닐 것 같고 약간 까다롭게 생겼다고 생각했어요. 얼굴이 좀 하얗고 안경 쓰고 의외로 되게 털털한 모습이 있었지만 그냥 그랬어요. 그러다 보니 빨리 집에 가려고 '네, 네' 하고 밥만 먹고 가려고 했는데 남편이 제가

소고기를 사줬다고 2차를 자기가 사겠대요. 근데 저는 여기까지만 하고 친구를 만나기로 했었거든요. 사실 나쁘진 않았으니까 저 지금 친구 만나러 강남역에 가야 되는데 했더니 자기 친구 중에 여자 친구 없는 사람이 있다고 그러면서 4명이 만나자고 해서 저희는 건대 쪽에 있다가 같이 갔어요.

그때 남편의 친구는 제가 좋아하는 이상형의 얼굴이었어요. 그래서 제가 딱 얘기를 했죠. 오늘은 다 어차피 처음 봤으니까 파트너가 바뀌는 거에 대해서 그렇게 부담을 갖지 말자. 그리고 또 제 친구가 이 사람을 좋아할 수도 있으니까 다 너무 부담 갖지 마시고 좋아하시는 분들한테 어필하시면 돼요. 저는 진짜 상관없었거든요. 거기서 남편 친구가 "그래도 돼요?" 이런 거예요. 그 사람은 리더십이 되게 강해요. 그리고 여자들한테 다 잘해줘요. 저한테도 잘해주고 제 친구한테도 잘해주는 스타일인 거예요. 제가 좋아하는 스타일의 얼굴이었지만 저는 그런 남자를 별로 안 좋아하거든요. 제 친구는 우리 오빠(남편)한테 계속 얘기를 하는 거예요. 그런데 우리 남편이 진짜 말도 안 섞어요.

그때 저희가 마주 볼 수 없게 앉아있었는데 갑자기 "너 잠깐만 일어나봐. 자리 바꿔." 이러는 거예요. "아니 너 때문에 재랑 말을 못 하잖아." 이러는 거예요. 우리 남편이 "너는 내 친구랑 소개팅하라고 부른 거고 나는 얘랑 오늘 만나려고 나온 자리야. 그러니까 너는 내 친구랑 얘기해." 그러면서 이렇게 명확하게 딱 선을 긋는 거예요. 굳이 그렇게 안 해도 되는데 그러고 나니까 제 친구가 갑자기 "저 오빠는 나한테 관심이 없는 것 같아." 이러는 거예요. 행동이 여자들한테 그렇게 친절한 스타일이 아니었어요. 그런데 오히려 저는 '괜찮은데?'라고 생각했어요.

 만약에 제 친구가 없었으면 우리 남편이랑 이렇게까지 진전이 안 됐을 것 같아요. 그리고 결정적으로 노래방을 갔는데 자기 친구 옆에 안 앉고 제 옆으로 와서 계속 "취했습니다. 죽을 것 같아요." 그러는 거예요. 그래서 "알겠어요. 저쪽으로 앉으세요." 그랬는데 제 친구가 저한테 얘기를 하는 거예요. "저 오빠는 나한테 아예 관심이 없는 것 같아. 너한테 관심이 있는 것 같아." 그러고 있는데 남편이 "이제는 쟤네 둘은 가라 그리고 우리는 우리끼리 커피 한잔하자."라고 명확하게 선을 그어줬는데 그 모습이 좋았어요. 그래서 다음에 또 연락하고 만났죠.

to be continue

우리에게 친밀감이 필요한 이유?

사진을 잘 찍는 기술이 중요한 게 아니라 먼저 상대방과 친밀감을 가져야 한다는 프로세스를 배운 것 같아요. 또 밥 먹고, 일하고, 차 마시고 하는 이 평범한 일상이 특별하고 소중한 거구나를 다시 한번 느꼈어요.

인터뷰어/ 노미화
인터뷰이/ 박수현
(CEO, 재활트레이너, 겸임교수, 사진작가, 40대)

박수현 대표는 '친밀감 프로젝트'의 사진작가이자 인터뷰의 처음부터 끝까지 전 과정에 참여한 유일한 사람이다. 단정하게 넘긴 머리, 또렷한 눈매, 근육으로 꽉 찬 몸, 절도 있는 걸음걸이, 그리고 담백하고 명료한 말투를 가진, 친밀감이라는 말랑말랑한 단어와는 전혀 어울리지 않아 보이는 사람이다. 더군다나 인터뷰 내내 쏟아지는 수많은 이야기를 한 장의 사진으로 담아내는 섬세한 작업을 하는 사진작가라니 쉽게 연관되지 않는다. 첫 모임에서부터 낯선 세계에 막 도착한 듯한 그가 궁금해지기 시작했다. 그의 본업은 헬스 트레이너다. 사진은 취미 삼아 시작한 아마추어 수준이라고 소개한다. 큰 기대는 하지 말라며 겸손한 표정으로 인사를 마무리한다. 그러나 그가 내려놓은 가방 속 카메라 렌즈는 커다란 눈을 부릅뜬 채 호기심 가득한 표정으로 '뚫어져라' 우리를 쳐다보고 있다.

그냥, 한번 해 볼까?

이번 친밀감 인터뷰 사진작가로 참여하게 된 동기가 궁금하다.

헬스 트레이닝 수업을 하면 (이현숙 박사님과) 많은 이야기를 나누거든요. 여러 이야기 중에 사진 애기가 나왔었고 인터뷰 애기도 나왔었는데 저는 그때까지는 아무 생각이 없었어요. 인터뷰 사진은 전문 사진작가가 찍는 것으로만 생각했거든요. 저는 아마추어니까요. 그런데 (이 박사님) 말을 들어보니 전문 사진작가가 아니라 (여기 모임에서) 자체적으로 사진을 찍을 거라고 하시더라고요. 그래서 "선생님 제가 찍어도 될까요?"라고 넌지시 물어본 거예요. 그랬더니 너무 좋아해 주시는 거예요. 그때 '내가 한번 해 볼까?'라는 생각을 가졌었죠.

> 사진 찍는 것이 좋아서 혹은 '친밀감'이라는 다소 모호한 단어에 대한 호기심에서 시작했다고 하기에는 시간과 비용 그리고 개인적인 에너지 소모가 너무 크다. 그도 20~30대였다면 할 수 없었을 것이라고 한다. 본업, 그의 표현을 빌자면 생업이 흔들릴 수 있는 일이라 어려웠을 것이라고 한다. 그렇다면 지금 가능한 이유는 뭘까?

이 박사님하고는 잠깐 쉰 기간도 있지만 제가 헬스장 오픈할 때부터 함께 했어요. 6~7년 동안 계속 수업을 했어요. 짧지 않은 시간이 쌓이면서 제가 도움받은 것들도 있고 해서 저도 뭔가 도움을 드렸으면 좋겠다는 생각이 있었던 거죠. 제가 해드릴 수 있는 건 언제 오시든 부담 없이 수업할 수 있도록 최대한 시간을 맞춰드리는 정도였는데 이 프로젝트를 통해서 제가 도움을 드릴 수 있는 부분이 생긴 거잖아요. 어떻게 보면 이것도 친밀감이죠. 다른 누군가가 와서 "우리 사진을 찍어줘."라고 했으면 이렇게 얘기했을 거예요. "얼마나 줄 건데?"

뭔가 해드리고 싶은 마음, 좋은 기회

그는 파워 블로거이다. 외부에서 오퍼도 많이 온다고 한다. '원고 한 번 써주면 이거 해 줄게요.', 혹은 제품 보내고 '이거 한 번만 올려주시면 이렇게 해드릴게요.'라고. 그러나 그는 쉽게 이러한 외부 요청을 수락하지 않는다고 한다. 요청한 사람이나 제품에 대해 잘 모르면서 무조건 해주는 건 돈이 얼마가 되었든 아닌 것 같다고. 또 헬스 관련 스케줄도 많아서 그의 표현을 빌자면 "너무 바빠서 뺄 수가 없거든요. 다른 어떤 상업적 목적으로 다가왔다면 안 했을 것 같고요." 그런데도 돈도 안 되는 이 작업을 하게 된 이유는 '이 박사님' 때문이라고 한다.

이 박사님하고 그동안 친밀감이 쌓였기 때문에 가능했죠. 처음에 등록하고 수업을 하는데 되게 조심스러웠거든요. 왜냐하면 (이 박사님이) 너무 까칠했어요. 처음에 오자마자 뭘 얘기했냐면, 기억하실 거예요. "제가 어떻게 어떻게 할 건데 여기에 대한 플랜을 정확히 주세요."라고. 그래서 제가 플랜을 다 짜서 드렸어요. '이런 부분에서 명확하신 분이구나.' 생각하고 시작한 거죠. 근데 그 플랜이 당연히, 그대로 안 되죠. 그런데도 수업을 계속하셨고 처음 이미지와는 다른 분이라는 걸 알게 된 거예요. 그 후로 어머님, 아버님도 와서 수강하시고. 또 중요한 건 미국 제품 중에 CRT라는 도구가 있어요. 이걸 한국에서 만들어 보고 싶었는데 제가 만들 수도 없고 의뢰를 할 수도 없었어요. 한 두 개는 안 만들어주거든요. 그런데 아버님이 그쪽 전문가신 거예요. CRT 하나 만드는 데 비용이 많이 드는데도 샘플로 그냥 만들어주신 거예요. 써보라고. 저는 돈 받고 수업만 해드렸는데 아버님은 비용도 안 받고 그냥 도와주셨어요. 저희 직원들이 지금도 그걸 쓰고 있거든요. 그때 '저에게 배려해주시고 진짜 뭔가 도와주려 하시는 분이구나.' 이걸 느낀 거죠. 이 박사님도 저희 직원들 교육을 해주셨는데 뭘 바라지 않고 그냥 해주셨어요. 그런 것을 제가 받으니까 저도 '뭔가 해드리고 싶은 마음'이 되게 컸던 것 같아요. 제가 뭔가 해드릴 수 있는 '좋은 기회'였죠.

듣자 – 마음으로

호기심이 발동하고 고마움을 갚을 좋은 기회였지만 친밀감 인터뷰 사진 작업은 처음부터 쉽지 않았다고 한다. 헬스트레이너의 개인 프로필사진이나 헬스 사업 관련한 사진을 꾸준히 찍어 왔기에 그에게 사진 찍는 일은 크게 부담스러운 일이 아니었다. 또 '친밀감은 이러 이러한 것이야.' 하는 생각이 있었기에 어려운 일도 아니었다.

그러나 그의 생각과는 달리 친밀감을 사진으로 담아내는 작업은 호락호락하지 않은 긴 여정이었다. 그의 표현을 빌자면 그동안의 사진 작업이 '몸'이라는 실체를 극대화하는 작업이었다면, 친밀감은 보이지 않는 '마음과 감정'을 이미지로 만들어 내야 하는 낯설고 모호하고 힘든 작업이었다고 한다.

"그래, (내가) 아마추어인데, 나한테 바라는 게 전문가 수준은 아니겠지." 그러면서 친밀감을 간단하게 생각해서, '손잡는 모습, 어깨동무하는 모습, 웃는 모습을 좀 찍으면 되지 않을까?' 그냥 너무 쉽게 생각했어요. 근데 첫 인터뷰 갔을 때 너무 멘붕이었어요. 찍는데 아무것도 안 나오는 거예요. 내가 생각했던 그런 그림이 아니었던 거죠. 제가 찍었던 건 몸이잖아요. 몸에 포커스를 맞추니까. '힘줘, 힘! 더 줘! 좀 더 들어!' 이게 되는데…. '이거 큰일 났다. 내가 생각했던 것과 너무 다르네.' 너무 힘들었어요.

첫 인터뷰에서 그는 매우 당혹스럽고 혼란스러웠다고 한다. 친밀감은 당연한 것, 상식적인 것, 내가 알고 있는 것, 누구나 알고 있는 그러그러한 것이어야 했다. 그러나 아니었다. 고민의 시간이 지나고 그가 선택한 방법은 '듣기'였다. 타인이 생각하는 친밀감이란 무엇일까? 궁금해지기 시작했고 사전 인터뷰를 읽고 집중하고 몰입하고 열심히 공부했다고 한다. 그러자 그들의 이야기가 들리기 시작했다고 한다.

솔직히 말씀드리면 첫 미팅 때, 인터뷰이 두 분의 대화를 잘 안 들었어요. 왜냐하면, 저는 '무슨 사진을 찍어야 하지?' 고민하느라 바빴어요. 그리고 그 공간 자체가 찍을 만한 데가 없었어요. 여기저기 찍어 보느라 왔다 갔다 하면서 그분들의 대화를 거의 못 들은 거죠. 그러고 나서 사진을 확인하는데 뭘 뽑아야 할지 모르겠는 거예요. '내가 조금 더 집중해야겠구나.'라는 생각이 들었어요. 그래서 그다음부터는 무조건 인터뷰를 들었죠. 두 번째 인터뷰 때 그 내용을 들으니까 이제 조금 감이 오는 거예요. 내가 생각했던 건 너무 상식적이었구나. 그 후부터는 인터뷰 전에 미리 공부하면서 내용에 점점 더 접근해 갈 수 있었어요.

보자 -있는 그대로

> 카메라를 내려놓자 그들의 이야기가 들리기 시작했다. 나의 친밀감이 아닌 그들의 친밀감이 보이기 시작했다. 아버지, 어머니, 친구, 물건들이 이야기 속에서 튀어나오고 얼굴에서 손짓에서 목소리에서 친밀감이 묻어 나오기 시작했다. 그러자 혼란스럽던 친밀감에 대한 생각이 조금씩 정리되기 시작했다. 단순하고 쉽게 생각했던 친밀감은 성별에 따라, 연령에 따라, 개인의 경험에 따라 다를 수 있다는 것을 알게 되었고 복잡하고 당혹스러운 주제라는 걸 알게 되었다고 한다.

20대 남녀 대부분은 친구들과의 관계에서 친밀감을 느끼더라고요. 조금 특이하게 느꼈던 것은 여자들은 엄마나 친구 그리고 물건들에 친밀감을 느끼는 반면, 남자들은 친구 그리고 운동? 30대는 그냥 친구예요. 친구에게 굉장히 친밀감을 많이 느끼고 집중하더라고요. 결혼한 커플들은 당연히 배우자 가족으로 바뀌고요. 좀 아쉬운 건, 가족 중에 친밀감을 느끼는 대상이 엄마 쪽이 많더라고요. 어떤 인터뷰이는 아빠하고는 친밀감이 없대요. 마음이 너무 아픈 거예요. 제가 또 아빠니까. 그러고 나니까 40대, 50대, 60대 분들의 친밀한 대상은 누구일까 궁금하더라고요.

> 친밀감이 사람마다 다를 수 있다는 사실을 이해하고 받아들이려 노력했지만 쉽지 않았다고 한다. 나와는 다른 생각, 느낌, 행동들을 어떻게 받아들여야 할지 고민스러운 순간들도 많았다고 한다.

인터뷰가 재미있기도 하지만 조금 놀란 부분도 있었고 이해가 안 가는 것도 있었어요. 첫 번째는 친밀감의 대상인 가족 중에서 아버지를 뺀 거예요. 이유가 있었겠죠. 나중에 20대라서 그럴 수도 있겠다고는 생각했는데 '가족과 무슨 일이 있었길래 아버지를 뺐지?' 그게 아주 궁금했어요. 그래서 그걸 좀 물어보고도 싶었어요. 그리고 또 하나는 남자분이셨는데 좀 독특했어요. 친구들과 일상을 전부 공유하는 분이 계셨거든요. 여자분들은 그게 가능할 수도 있다고 생각하지만, 남자들은 그게 안 되거든요. 남자들의 세계에서 좀 다른 색깔이라서 되게 신기했어요. '나 같으면 귀찮아서 그렇게 못 할 텐데 그 사람이니까 그럴 수도 있겠다.' 라고 이해하려고 노력했지만, 여전히 의아해요.

> 인터뷰의 어떤 내용이 인상적이었는지 개인적인 경험과 연결된 부분은 없는지 그리고 어떻게 수용하고 정리했는지 물었다. 그는 자신의 20대와 30대를 되돌아보고 이해하는 시간이었고 현재 자신의 역할을 알아가는 시간이었다고 답한다.

나도 저랬던 적이 있었는데 그러면서 이해할 수 있겠더라고요. '20대 남자애라서 저럴 수 있었구나.' 라는 생각을 다시 하게 됐어요. 또 30대 때는 그런 게 있잖아요. 그렇게 하면 안 되는데 '나 되게 잘해, 내가 다 알고 있어, 이렇게 해야 해.' 어깨가 막 이만해져서 옆에서 충고도 많이 해주고, 조언도 해주지만 그때는 안 들리거든요. 아무리 얘기해줘도 안 들린다는 걸 알아요. 그래서 느꼈어요. '말해줘 봐야 안 되는구나. 자기가 그 경험을 다 하고 느껴서 바뀌는 사람이 있고, 그때도 못 느끼는 사람도 있구나.' 라는 생각이 들었죠.

친밀감은 변하는 것

> 그에게 "친밀감은 무엇일까요?"라고 물었다. '변하는 것'이라고 한다. 시간이 지나면서 친밀감의 대상이 변했

다고 한다. 20대는 운동, 30대는 사업이 삶의 중심이자 친밀감을 느끼는 대상이었다고 한다. 20대 때에는 일(운동)로서 성장하고 싶었고 30대 때는 사업을 시작하면서 삶의 90%를 차지할 만큼 일(사업)이 중요했다고 한다. 그래서 가족에게는 '내가 하는 일을 좀 이해해줘.', '다 우리 가족을 위해서 하는 거야.'라며 그 모든 것들을 합리화했다고 한다. 그러나 나이 마흔을 지나가면서 친밀감을 느끼는 대상도 바뀌었다. 40대인 지금은 가족이라고 한다. 와이프에게는 미안하지만 결혼 후 얼마간은 친밀한 첫 번째 대상은 어머니였다고 한다.

왜냐하면 엄마는 충분히 제 편이니까요. 어머니라는 존재는 친밀함이에요. 엄마는 내가 존경해야 하고 챙겨드려야 할 분이기도 해서요.

어머니에서 와이프로 바뀐 것으로 이해해도 되겠냐는 질문에 난감한 표정을 지으며 이렇게 답한다.

제가 철이 들어서 그런 걸 수도 있지만, 어머니 회원님들이 제가 아들이 둘이라고 하자 "와이프에게 잘해라."라고 얘기해 주시는 거예요. "무슨 말씀이세요?" 그랬더니, 엄청 힘들다는 거죠. 그런 얘기를 자꾸 듣는데, 집에 가보니까 정말 그런 거예요. 와이프는 자꾸 말라가고 힘들어하고 지쳐 보였어요. 첫째 아이 키울 때는 몰랐는데 둘째 아이 키울 때 보니 진짜 잘 시간도 없는 거예요. 그때가 40대에 막 들어서면서였어요. 그때 일도 너무 중요하지만 '이 일도 내 가정이 있어서 하는 거야.'라고 생각이 바뀌더라고요. 30대 때는 '내가 사업이 잘돼야 가족이 더 행복한 거야.'라고 했으면 40대 때는 '아니야, 나와 가족이 행복해야 사업도 잘되는 거야.'로 마인드가 바뀐 것 같아요.

도시락

> 와이프와의 친밀감을 무엇으로 표현하고 싶냐고 묻자 '도시락'을 통해 알게 된 '배려'라고 한다.

아내에게 정말 감사한 건 제가 있을 땐 제 중심으로 '배려'를 해줘요. 간단한 예로 주말에 "우리 뭐 먹을까? 뭐 사줄까?"라고 하면 와이프는 항상 말하죠. "오빠 먹고 싶은 거 먹자." 왜냐면 저는 항상 식단을 챙기느라 도시락을 먹으니까 저를 배려해 주는 거예요. 그런 배려를 해줄 때 너무 감사하죠. 와이프가 애들에게도 그렇게 교육해요. "아빠가 왜 새벽 5시, 6시에 나가는 줄 알아?" 애들은 모르죠. "아빠가 열심히 일해서 우리가 먹고 싶은 거 먹을 수 있는 거야."라고 표현해요. 그런 이야기를 들으면 와이프에게 친밀감이라는 단어가 더 진하게 느껴지는 게 있어요.

> 그는 매일 '도시락'을 들고 출근한다. 헬스 트레이너라는 직업 특성상 늘 몸에 신경을 써야 해서 음식에 특별

히 신경을 더 쓴다고 한다. 근사한 도시락은 아니라고 한다. 닭가슴살, 김치, 반찬 몇 가지가 전부인 평범한 도시락. 그러나 그걸 매일 꾸준히 싸는 와이프의 모습에서 '배려'가 깔린 진한 친밀감을 느낀다고 한다.

물론 그도 처음부터 와이프와 이런 친밀한 관계를 가진 것은 아니었다. 와이프도 지금은 '30대 박수현은 죽었다.'라고 표현할 만큼 변했지만 그때는 사업에만 몰두해서 살았던 남편이 너무 힘들었다고 한다. 사업을 핑계로 밖에서 보내는 시간이 많아졌고 술 먹고 늦게 귀가하고, 술에 취한 상태에서 집에 오면 대화보다는 잔소리와 불평이 많아지면서 싸움으로 연결되곤 했다. 지금은 그런 부분들이 없어져서 너무 좋다고 한다. 무엇보다 가정을 최우선 순위로 두고 와이프 자신의 '존재감'을 느낄 수 있어 행복하다고 한다.

30대 때는 집안일이든 뭐든 '내가 알아서 할게.' 였다면 지금은 와이프의 의견을 물어봐요. "이번 추석엔 어떻게 했으면 좋겠어? 돈을 어떻게 드릴 거야? 자기가 줄 거야?" 그전까지는 그냥 가사도우미 같은 느낌을 좀 받았대요. 한동안은 월급 받는다고 생각했대요. 매달 월급날만 되면 그냥 돈 넣어주고 "입금했어." 이렇게 끝났어요. 근데 지금은 "자기야 통장 확인해 봤어? 확인해 봐. 놀랄 거야!" 이렇게 하니까 너무 행복해하는 거죠.

친밀감은 접착제

그에게 친밀감을 구성하는 가장 큰 부분은 신뢰이다. 가족, 친구, 상황에 따라 친밀감을 느끼고 표현하는 방식은 다르지만, 신뢰가 바탕을 이룬다. 그에게 신뢰는 쌓아가는 것이다. 횟수는 중요하지 않다. 1년에 한두 번 만나서 "형님 저 보고 싶은데 시간 되세요?"라며 잠깐 보고 어떻게 지내는지 묻는 관계라도 신뢰를 바탕으로 한다면 친밀함을 느낄 수 있다. 그리고 그 신뢰의 첫 번째 단계는 거짓말을 하지 않는 것이다. 동일하게 잘못했지만, 친밀감이 쌓여 있다면 한 번 더 기회를 줄 수도 있다.

저한테 거짓말만 안 했으면 좋겠어요. 진실한 관계는 잘 유지되죠. 그런데 거짓말로 신뢰가 깨지기도 합니다. 그때 쌓였던 친밀감이 있으면 기회를 더 주게 되더라고요. 한 직원과 완전히 신뢰가 깨진 일이 있었는데 함께한 시간, 그 친구에 대한 애정이 있어 '한 번 더 믿어보자.'라는 마음이 들었습니다.

흔들리거나 갈라진 신뢰를 붙잡고 메울 수 있는 것이 친밀감이다. 친밀감에는 시간이 필요하다. 그 시간을 줄일 수 있는 것이 인성이다. 친밀감의 또 다른 이름은 성실한 태도와 '인성'.

사람을 파악할 수 있는 시간. 그래서 그 시간이 어느 정도 지나면 저는 친밀감이 생기는 것 같아요. 그럼 친밀해지는데 드는 시간을 줄이려면 뭐가 필요할까 생각했는데 그 사람의 '인성'이 영향을 끼치는 것 같아요. 요즘은 누굴 만나면 이 친구 인성은 어떤지? 그걸 알려고 해요. 그리고 또 하나는 재능. 이 재능이라는 게, 처음에는 거의 비슷해요. 근데 시간이 지나면서 꾸준히 개발하는 아이들이 있는데 그런 성실함을 애가 가지고 있나? 만약에 성실한 태도에 인성이 좋다고 하면 전 친밀감이 정말 빨리 생길 것 같아요.

　　　　　가족은 이 모든 상황에서 예외가 될 수 있다.

저는 친구와의 친밀함은 깨질 수 있다고 봐요. 근데 제 개인적인 입장에서는 가족에 대한 친밀감은 웬만해서는 깨지기 힘들거든요. 친밀감이 깨진다면 가족은 여파가 더 클 것 같아요. 사회에서는 그래 네가 나한테 거짓말했는데 그래 뭐 그럴 수 있어, 근데 만약에 가정에서 제 형님이 저한테 거짓말을 한다면 더 심하게 앓을 것 같아요. 가족은 믿음이 먼저 바탕이 된 상태인데 그 믿음이 깨지면 더는 안 보겠죠. 어려운 거 같습니다.

　　　　　인터뷰가 끝나갈수록 책상 위 사진들이 수북이 쌓여 간다. 한 장의 사진을 선택하기 위해 버려지는 사진들은 수백 장이다. 사진들이 추려질수록 새로운 고민거리가 쌓여 간다. 친밀감은 누군가와 함께 만들어진 것이라 깨어진다면 더 큰 영향을 받을 것이라는 걱정. 그래서 더 조심스러워하는 것 같다.

신뢰는 혼자 쌓을 수 있잖아요. 행동과 약속을 통해 '저 사람에 대한 신뢰가 이렇게 높아졌어.' 할 수 있는데 친밀감은 혼자서 쌓을 수 없을 것 같아요. 친밀하다고 했을 때는 신뢰와는 다른 감정이 들어가요. 서로가 느끼고 함께 해야 하는 거라고 생각해요. 그래서 그게 깨지면 파급 효과가 더 크지 않을까 하는 생각이 들어요. 신뢰가 깨지면 친밀감으로 더 관계를 이어나갈 수 있을 것 같은데 친밀감이 깨지면 무엇으로 관계가 이어질까요.

그에게 친밀감은 여전히 어려운 단어인 듯싶다. 인터뷰 초반, 친밀감의 본질과 실체를 파악하고 담아내기 위해 카메라 셔터를 연신 누르며 동분서주했다면 인터뷰가 마무리되는 지금은 사진보다는 친밀감에 대한 동영상을 촬영하고 있는 것 같다고 한다. 카메라 뒤편에 서, 때로는 가깝게 때로는 멀게 렌즈를 조작하며 그 사람의 모습을 담아내려 조용히 응시하고 있는 느낌이 든다.

음. 작업하면서 뭔가 특별한 걸 찾는 게 아니라, 어떻게 보면 '밥 먹고, 일하고, 또 이렇게 차 마시는 일상의 면면이 특별하고 소중한 거구나.'를 다시 한번 느졌어요. 또, 사진을 잘 찍는 기술이 중요한 게 아니라 진짜 상대방과 먼저 친밀함을 가져야 하는 프로세스를 배운 것 같아요. 그래서 저는 이 기회가 너무 감사하고, 많은 경험을 할 수 있어서 좋았어요.

> 그에게 이번 친밀감 인터뷰 참여는 본인의 직업과는 동떨어진, 완전히 다른 작업으로, 단순하게 뭐가 배울 게 있겠지 하는 마음에서 시작한 일이었다고 한다. 그러나 인터뷰가 끝나갈 즈음 이 일과는 멀리 떨어져 있다고 생각한 일에서 소름 돋는 경험을 했다고 한다.

제가 OO에서 맡은 게 인사 교육 담당인데, 대학생 데리고 와서 면접 보고 센터에 취업시켜주는 거예요. 면접이 인터뷰하는 거잖아요. 제가 그 역할을 하고 있더라고요. 그래서 너무 소름 돋았어요. (웃음). '인간관계라는 부분이, 사회생활이라는 부분이 이렇게 또 연관될 수 있구나.'라는 생각이 들었어요.

> 박수현 대표에게 또 한 번 묻는다. 친밀감은 무엇일까요?

오늘 아침 와이프가 보내온 사진 몇 장이요. 그 속에는 와이프와 아이들이 맛있는 음식을 먹고, 뛰고 놀며 웃고 있어요. 얼마 전 제가 사준 유니카(자동차)를 갖고 놀면서 행복해해요. 그 모습을 보면 가족에게 이 모든 것들을 해줄 수 있다는 뿌듯한 감정이 올라와요.

그리고 이 모든 게 감사하고요. 이런 소소한 것들이 친밀감이지 않을까요?

그는 일주일에 하루는 와이프랑 한두 시간이라도 함께하는 시간을 가지려고 노력한다. 와이프가 그 시간을 행복해하는 모습을 보는 것이 좋다. 또 자신이 뭔가 꾸준하게 성실하게 일하는 모습을 보여 줄 수 있어서 좋다. 피곤하고 귀찮을 수 있는 일이지만 아침마다 도시락을 챙겨주는 와이프를 바라보며 아이들의 건강한 웃음소리를 듣는 소소한 일상을 통해 친밀감을 느끼는 것 같다. 박수현 대표의 하루하루를 찍어 또 다른 사진으로 펼쳐 본다면 '행복'이라는 두 글자가 선명하게 박혀 나오지 않을까 싶다.

Observation
낯가리는 내향인의 관찰일지

	정하은	박초롬	홍경	홍서희	황지영	황지현
쌤	쌤	쌤	쌤	쌤	쌤	쌤
사님	선생님	선생님	선생님	선생님	선생님	학생 → 선생님
현숙, 쌤		쌤	쌤	쌤	쌤	쌤
생님	선생님	선생님	선생님	선생님	선생님	선생님
현숙			쌤			쌤
수님	하은이 언니	선생님	경이	서희 언니	선생님	지현이 언니
	쌤, 하은, 너	쌤, 초롬, 너	쌤, 홍경, 너	쌤, 서희	쌤, 지영, 너	쌤, 지현, 너
수님		선생님		서희		지현, 너
배님					선배님	
수님	정하은 선배님	선생님		홍서희 선배님		선배님
수님	하은	선생님	홍경 쌤		선생님	지현
언니, 쌤		너				
수님	언니	(글) 선생님	홍경 님 → 홍경 친구	언니	(글) 선생님	

※ '너' 라는 호칭은 보통 사담 시에 사용함

호칭표

화자 \ 청자	고청훈	노미화	문해화	박수현	송지숙	안수빈
고청훈		선생님	아내	쌤	쌤	선생님
노미화	선생님		선생님	선생님		선생님
문해화	남편	쌤				쌤
박수현	선생님	선생님	선생님			선생님
송지숙						쌤
안수빈	선생님	교수님	선생님	선생님 / 사진작가님	디렉터님	
이현숙	고 쌤, 청훈 쌤	노 쌤, 박사님	혜화, 너, 쌤	박수현 선생님	지숙, 쌤	쌤, 너, 수빈
정하은	선생님	교수님	선생님			수빈, 너
박초롬		선생님				
홍경	선생님	교수님	선생님	선생님	선생님	너
홍서희	선생님	교수님	선생님	선생님		수빈
황지영						
황지현	(글) 선생님	교수님	(글) 선생님	(글) 선생님		수빈, 너

이름 황지현, 나이는 24살. 대학생이다. 낯을 정말 많이 가리고, 새로운 사람을 만나는 것도 별로 즐기지 않는다. 다양한 나이대의 사람들이 모인 곳은 최대의 난관이다. 꼭 필요한 상황이 아니면 입을 열지 않는다. 그렇게 해도 보통은 별 문제가 없다. 말을 많이 하지 않으면 좋은 점은 아무도 내게 주목하지 않아 사람들을 관찰하기에 용이하다는 점이다. 프로젝트 편집부 회의에서 책의 부록처럼 관찰일지를 써보자는 이야기가 나왔다. 인터뷰어들은 모르게 말이다. 관찰에 용이한 나의 특성을 살려 친밀감 프로젝트 구성원 간 친밀감은 어떻게 변화하였는지 관찰하고 일지를 썼다. 특히, 본 일지에서는 구성원 간의 호칭과 만남 때마다 준비되는 간식을 키워드로 친밀감의 변화를 살펴보았다.

• 7월 9일(토) 미팅 1 - 오프라인

첫 미팅 날이다. 회의실에 들어서면서 인사를 했는데, 다들 잘 받아주셨다. 조명은 적당했고 책상이 넓었다. 에그타르트 등 간단한 다과가 준비되어 있었는데, 아직 어색해서인지 먹는 사람이 없었다. 이미 아는 사이인 구성원끼리는 잠시 담소를 나누기도 했다. 나는 이현숙 교수님, 노미화 교수님을 학교 수업을 통해 뵀고, 서희 언니(선배)와 수빈이(후배)는 동아리를 하면서 친해진 사이였다. 후배인 홍경님은 이름만 알았고, 다른 분들은 아예 초면이었다. 이현숙 교수님은 프로젝트 구성원 모두와 아는 사이인 듯했고, 대학원생인 서희 언니, 학부생인 수빈이와 홍경 님은 나와 비슷한 것 같았다. 문해화 선생님과 고청훈 선생님은 부부 사이고, 그 외 다른 분들의 관계와 호칭은 파악하기 어려웠다. 이현숙 교수님을 중심으로 모였기에, 몇 번 정도 만났거나 이번에 처음 본 사이리라 예상할 뿐이다. 호칭과 관련해 기억에 남은 것은, 미팅 후 노미화 교수님이 내게 말을 거실 때 학생이라 부르신 것밖에 없다.

가장 먼저 돌아가며 자기소개를 했고, 소개가 끝나면 다들 박수를 치며 호응했다. 프로젝트의 진행과 관련하여 전반적인 설명이 이루어졌다. 교수님들의 질문에 따라, 혹은 자발적으로 프로젝트에 관한 의견을 말하기도 했는데, 모두 고개를 끄덕이며 경청하는 모습을 보였다. 첫 미팅이니만큼 조용하긴 했지만, 평화로운 분위기가 이어졌다. 누군가 유머를 던질 때나, 미팅이 끝나고 남겨진 다과를 챙겨갈 때는 웃음소리가 나기도 했다. 나는 참석하지 못했지만, 시간이 맞는 몇몇 구성원(이현숙 교수님, 문해화 선생님, 고청훈 선생님, 서희 언니)은 친밀감을 더 높일 수 있도록, 미팅 이후 모임을 가진 것으로 보였다. 앞으로 구성원간의 친밀감에 어떠한 변화가 생길지 궁금했던 첫 만남이었다.

- 친밀감의 정도: ★
- 어색함의 정도: ★★★★

• 8월 6일(토) 미팅 2 - 오프라인

두 번째 미팅 날, 회의실의 조도나 배치 등은 크게 변하지 않았다. 내가 지각을 하여 조금 늦게 미팅이 진행되었는데, 시작 전의 분위기는 저번보다도 어색했다. 인사를 주고받은 후에는 숨소리도 안 들릴 정도였다. 이제 두 번째 미팅이니 그럴 만도 했다.

오늘의 간식은 샌드위치였는데, 역시나 손을 대는 사람은 없었다. 먼저 나서서 의견을 내는 사람도 없어, 정적이 길어졌다. 질적 인터뷰와 관련한 강의가 이번 미팅의 주제였는데, 다들 아직 감이 잘 잡히지 않아 의견을 내기가 어려운 것 같았다. 하지만 시간이 지나면서 분위기가 점차 풀렸고, 구성원들이 더 편하게 의견을 말하는 모습을 볼 수 있었다. 아직은 노미화 교수님이 답변을 이끌어내고 주도하는 느낌이 있었지만, 끝날 무렵에는 사전 인터뷰가 업로드 되었는지 모르겠다는 나의 말에, 문해화 선생님을 포함한 다른 구성원들이 내 인터뷰 정리본이 올라왔다고 답해주기도 했다. 이현숙 교수님이나 노미화 교수님을 거치지 않고, 미팅 중에 다른 구성원들과 직접적으로 대화를 해본 건 이번이 처음이었다. 다음 미팅에서는 구성원 간의 친밀감이 좀 더 형성될 수 있지 않을까 기대가 되었다.

참, 그리고 중요한 공지가 있었는데, 바로 공식적인 호칭이 정해졌다는 것이었다. 지금까지는 이미 알던 사이를 제외하고는, 놀랍게도 서로를 전혀 부르지 않았다. 지난 미팅 후의 소모임에서 호칭에 대해 논의를 하였고, 그 결과 '~쌤'이라고 부르면 어떨까 하는 의견이 나왔다고 한다. 오늘 미팅에서 다른 구성원들도 그에 동의하였다. 분위기상 동의를 하긴 했지만 사실 '쌤'이라는 호칭은 아직 어색하다. 학창시절 매일 뵙던 선생님에게도 쌤이라 불러본 적이 없는데, 이제 두 번 만난 분들을 쌤이라고 불러야 하다니! 더군다나 연장자인 분들이 더 많아서, 그 호칭이 너무 가볍게 느껴지진 않을까 걱정되었다. 유교사상에 찌든 나로서는 참으로 어려운 일이다. 그래서 일지에서만큼은 나만의 호칭을 고수할 생각이다.

교수님들은 교수님, 다른 분들은 선생님으로 칭하고, 원래 알던 서희 언니와 수빈이는 그대로, 홍경 님은 홍경 친구라 부르고자 한다. 과연 이 호칭에도 변화가 생길지 궁금해진다.

- 친밀감의 정도: ★☆
- 어색함의 정도: ★★★☆

- **8월 20일(토) 미팅 3 - 오프라인**

    세 번째 미팅 장소는 이전과 같았다. 아무도 간식을 먹지 않아 오늘은 간식을 준비하지 않았다며, 노미화 교수님께서 농담을 던지셨다. 물과 커피가 준비되었고, 음료는 수빈이를 제외하고는 다들 마셨다. 그리고 고청훈 선생님과 문해화 선생님이 과자 몇 봉지를 가져오셨는데, 전보다 많은 인원이 과자를 먹었다. (그래도 남긴 했다.) 이번 미팅은 시작 전부터 분위기도 훨씬 편안했다. 아직까지 모두가 어울려 대화하지는 않았지만, 안면 있던 사람들끼리도 눈치 보지 않고 더욱 편안하게 이야기하는 것이 느껴졌다. 엿듣는 행위에 습관적으로 거부감이 들어 내용은 잘 알 수 없었지만 말이다. 미팅 시작 후에도 구성원들에게서 이 자리가 확연히 편안해진 모습을 찾아볼 수 있었다. 의견을 말할 때 더 자발적으로 말하고, 표현도 좀 더 자유로워졌다. 유머를 던지는 횟수가 늘었고, 웃음소리도 더 자주, 더 크게 들렸다. 고청훈 선생님이 우리의 공식 호칭을 사용하여, 홍경 친구를 홍경 쌤이라 부르시는 것도 들을 수 있었다.

    미팅이 끝난 후에는 이현숙 교수님, 황지영 선생님, 서희 언니, 박초롬 선생님, 나, 이렇게 다섯 명의 구성원이 모임을 가졌다. 각자 그 자리의 2명 정도는 원래 알던 사람이었고, 2명 정도는 프로젝트를 시작하며 처음 만난 사람인 것으로 보였다. 나의 경우엔 황지영 선생님과 박초롬 선생님을 프로젝트를 통해 처음 뵀었다. 새롭게 알게 된 점은, 황지영 선생님과 박초롬 선생님이 아는 사이였다는 점이다. 와중에 긴장해서 뻣뻣하게 앉아있는 나에게, 이현숙 교수님이 "어색하지?"라고 물어보셨다. 들켰다. 너무 어색해서 몸 둘 바를 모르던 중이었다. 모임은 중간 중간 정적이 흐르긴 했지만, 분위기가 좋은 편이었다. 특히, 박초롬 선생님이 이야기를 정말 재미있게 하셔서 모두 열심히 웃었던 기억이 있다. 여기서 놀라운 점은, 미팅에서나 미팅 후 모임에서나 서로를 부르지 않으면서도 여전히 대화가 가능했다는 점이다. 이현숙 교수님과 노미화 교수님, 고청훈 선생님은 쌤이라는 호칭을 잘 사용하시지만, 그 외의 구성원들은 아직 웬만해선 서로를 부르지 않는다. (노미화 교수님은 선생님이라는 호칭과 혼용하신다.) 나도 마찬가지다. 그래서 호칭의 변화를 보기엔 어려움이 있었다. 다음 달에 있을 끝장토론이 지나면, 우리도 좀 더 친밀해질 수 있지 않을까?

- 친밀감의 정도: ★★☆
- 어색함의 정도: ★★☆

• 9월 17일(토) 끝장토론 - 오프라인

끝장토론 장소는 처음으로 야외였다. 장소가 바뀌어서인지, 초반에는 어색함이 감돌았다. 첫 미팅 때로 돌아간 것 같았다. 오늘은 포도와 배, 사과와 자두가 있었는데, 다들 먹지 않는 분위기였다. 모의 인터뷰를 시작하자 어색함이 조금 사라졌다. 총 세 팀의 모의 인터뷰가 진행되었는데, 문해화 선생님이 나를, 홍경 친구가 노미화 교수님을, 황지영 선생님이 고청훈 선생님을 인터뷰하였다. 단체로 회의를 하다가 이렇게 일대일로 대화를 하는 것은 처음이었다. 여전히 서로를 딱히 부르진 않았지만, 확실히 개인과 개인으로 만나자 더 편안하고 친밀한 느낌이 들었다. 그 다음으로 노미화 교수님이 집단 인터뷰를 맡아 진행해주셨다. 하나의 주제에 대해 돌아가면서 자신의 생각을 이야기하는 방식이었다. 프로젝트 이전부터 친밀해 보이던 구성원들의 관계에 대해 좀 더 알 수 있었다. 특히 이현숙 교수님과 문해화 선생님이 학부생 때부터 친구였다는 점과, 두 분이 지금까지 친밀감을 어떻게 발전시켜왔는지를 알 수 있던 시간이었다. 서로를 편하게 해화, 현숙이라 부르시는 모습도 볼 수 있었다.

집단 인터뷰까지 마치자, 모두 조금씩 더 가까워진 듯 했다. 식사를 하는 내내 이야기가 끊이질 않았다. 교수님들과 문해화 선생님, 고청훈 선생님, 황지영 선생님이 같은 테이블이었고, 서희 언니, 수빈이, 경이 친구와 내가 같은 테이블이었다. 각 테이블에 앉은 사람들끼리 거의 대화를 하였고, 다른 테이블의 소리도 잘 들리지 않아 더 이상의 호칭 변화를 관찰하기는 어려웠다. 그래도 음식과 음료를 편하게 먹는 모습을 볼 수 있었다. 준비했던 고기와 라면은 거의 다 먹었고, 포도도 빠르게 사라졌다. 풀어진 분위기를 그대로 이어가듯 끝장토론에서도 다들 편하고 자유롭게 대화를 했다. 농담이 자주 오고 갔으며, 여기저기서 웃음소리가 들렸다. 안타깝게도 나를 제외하고는 말이다. 나는 그때까지도 낯을 가리고 있었다. 모의 인터뷰 이후로 좀 나아졌다고 생각했는데, 그새 원위치가 된 모양이었다. 끝장토론에서도 말을 할까 말까 망설이기만 했다. 막바지에 문해화 선생님의 배려로 겨우 입을 열었고,

래퍼의 자질이 있던 걸까 의심될 만큼 빠르게 의견을 말했다. 아직 어색한 사람들 앞에서 너무 많은 말을 해서 부끄러웠다. 다른 선생님들과 프로젝트가 끝날 때까지 친밀감을 형성할 수 있을까, 지극히 개인적인 의구심이 들었다. 하지만 구성원 전체적으로는 친밀감이 많이 향상된 것으로 보였던, 유의미한 만남이었다.

- 친밀감의 정도: ★★★★☆
- 어색함의 정도: ☆

• 11월 12일(토) 미팅 4 - 온라인 & 오프라인

    네 번째 미팅 날, 부끄럽게도 또 지각을 하여 미팅 초반은 관찰을 하지 못했다. 관찰자의 이름으로 다음에는 꼭 제시간에 도착하리라 다짐하였다. (관찰자가 아니더라도, 원래 약속은 늦으면 안 된다.) 미팅 장소는 이전 장소와 같은 건물의 다른 층이었다. 날씨가 흐려서 내부도 다소 어두웠다. 장소와 조도가 바뀌어서 그런지, 약간은 어색한 기분이 들었다. 다른 분들도 전보다 활발하게 의견을 내지 않았다. 작업환경이 심리에 미치는 영향이 생각보다 크다. 그래도 시간이 흐르면서 점점 어색함이 사라졌고, 후반에는 편한 웃음소리가 회의실을 채웠다. 간식으로는 물과 차, 커피, 빵, 쿠키, 그리고 샌드위치가 준비되었다. 음료는 많이 사라졌고, 빵과 쿠키는 점차 줄어들었다. 샌드위치는 끝날 때까지 아무도 손을 대지 않아서, 남은 빵, 쿠키와 함께 나눠서 가져갔다. 또 하나 중요한 것은, 새로운 구성원이 합류하게 되었다는 점이다. 서희 언니, 수빈이와 마찬가지로 학과 동아리에서 만났던 하은 언니가 프로젝트의 일원이 되었다. 구성원의 변화가 친밀감에 또 어떠한 영향을 미칠지 기대가 되었다. 하은 언니는 처음 미팅에 참여한 것임에도 불구하고, 의견을 편하게 이야기하고 간식도 잘 먹었다. 활발한 새 구성원의 등장으로 분위기는 더 좋아진 듯했다. 여전히 서로를 부를 일이 많지는 않았으나, 호칭에 있어서 유의미한 관찰 결과도 있었다. 이현숙 교수님은 모두를 쌤으로 칭하셨는데, 전부 아는 분들이라 너라고 부를 때도 있었다. 노미화 교수님은 이제 모든 구성원을 선생님으로 부르셨다. 그리고 황지영 선생님이 박초롬 선생님을 너라고 부르는 것을 들었다. 아는 사이인 줄은 알았지만, 생각보다 친밀한 것 같아서 놀라웠다. 원래부터 친밀했는지, 프로젝트를 진행하면서 더욱 친밀해졌는지 궁금했지만 여쭤보진 않았다. 이 일지는 극비이기 때문이다.

    이번 미팅에선 구성원들의 시선도 관찰해보았다. 말을 할 때 주로 자신과 친밀하고 편한 사람을 많이 보리라 예상해서였다. 황지영 선생님은 말씀하실 때 이현숙 교수님이나 박초롬 선생님을 많이 보셨다. 이현숙 교수님과 노미화 교수님은 시선을 옮겨 두루두루 보며 말씀하셨고,

박초롬 선생님은 이현숙 교수님, 노미화 교수님, 황지영 선생님을 자주 보셨다. 하은 언니도 의견을 말하며 다양한 구성원을 바라봤다. 수빈이와 경이 친구는 기록한 것을 보느라 노트북 화면을, 나는 테이블을 가장 많이 봤다. 내 의견을 자신 있게 말하는 일은 아직도 쉽지 않다... 오늘 깨달은 사실이 또 있다. 끝장토론날 식사를 할 때도 그랬는데, 대화하는 그룹이 나뉠 때가 왕왕 있다. 주로 교수님들과 다른 선생님들/학부생들의 형태로 나뉜다. 아마도 각자 해당 그룹 내에, 프로젝트 이전부터 알던 사람들이 있어 그런 것 같다. 그래도 끝장토론 이후라, 전보다는 서로가 훨씬 편해보였다.

- 친밀감의 정도: ★★★★
- 어색함의 정도: ★

• **12월 17일(토) 미팅 5 & 송년회**

다섯 번째 미팅 날, 장소는 또 다른 층으로 변경되었다. 지금까지의 실내 미팅 장소 중 가장 개방적이었다. 간식은 이현숙 교수님이 가져오신 귤이었다. 박초롬 선생님은 너무 귀엽다며 굉장히 좋아하셨고, 가장 처음 귤을 드셨다. 다른 분들도 초반엔 안 드셨지만. 시간이 지나면서 하나 둘씩 귤을 드셨다. 여전히 미팅 시작 전에는 기존에 친했던 사람끼리 이야기를 했다. 이현숙 교수님, 황지영 선생님, 박초롬 선생님은 반말과 존댓말을 섞어가며 대화했다. 수빈이와 경이 친구도 친밀하고 편하게 대화를 하였다. 경이 친구가 수빈이를 너라고 부르는 건 편집부 회의 때 보았던 모습이라 놀랍지 않았다. 미팅 시작 후 이현숙 교수님의 제안에 따라 근황토크를 시작했다. 각자 어떻게 지냈는지 이야기하며 일상을 공유하니, 더욱 친밀해진 기분이 들었다. 이전의 미팅에서도 시작 전에 근황을 나누었다면, 우리가 더 가까워질 수 있었을까 싶었다. 이번엔 나도 훨씬 편하게 의견을 말할 수 있어서 신기했다. 그 이유가 시간이 흘러서인지, 근황토크의 효과인지, 둘 다인지는 모르겠으나 내겐 정말 큰 변화였다.

서로를 부르는 호칭은 이전과 크게 달라지지 않았다. 대부분은 선생님이라는 호칭을 사용했고, 아주 가끔 쌤이라는 호칭을 들을 수 있었다. 돌아가며 의견을 말하고, 간간히 웃음이 오고가는 분위기에서 올해 마지막 미팅이 마무리되었다. 이어진 송년회의 분위기도 평화로웠다. 송년회 장소는 인근의 고깃집이었다. 황지영 선생님과 박초롬 선생님, 수빈이와 경이 친구가 같은 테이블에 앉았고, 이현숙 교수님, 노미화 교수님, 하은 언니, 그리고 내가 같은 테이블에 앉았다. 서로 마주보는 상태라 그런지 주로 같은 테이블에 앉은 사람들끼리 대화를 하게 되었고, 그 중에서도 옆에 앉은 사람들(황지영 선생님, 박초롬 선생님/수빈이, 경이 친구/이현숙 교수님, 노미화 교수님/하은 언니, 나)끼리 대화를 가장 많이 했다. 프로젝트에 관한 이야기를 조금이라도 하지 않을까 생각했는데, 정말 일상과 관련된 이야기만 했다. 역시 밥 먹을 때는 일 이야기를 하는 것이 아닌가보다. 좀 더 가벼운 주제로 대화를 해서인지, 다들 식사도 편안한 마음으로 했다. 나 역시 앞에 앉으신 교수님들의 질문에도 전보다 편하게 대답할 수 있었다. 친밀하지 않은 사람과의 식사에선 100% 체하는데, 그러지도 않았다. 우리가 많이 친밀해진 것 같아서 왠지 뿌듯했다. 송년회에서 기억에 남았던 단어 중 하나는 '고기 굽기 자격증'이다. 이는 사실 끝장토론 때, 고청훈 선생님을 통해 처음 등장했던 단어다. 고기를 굽고자 나설 때 자신이 고기를 굽는 자격증이 있다는 농담을 하는 것이다. 경이 친구가 이를 활용한 농담을 던졌고, 모두가 웃었던, 따뜻한 기억이 있다. 친밀감은 그들끼리만 공유한 무언가가 있을 때, 더 깊어진다는 생각을 한다. 그래서 고기 굽기 자격증이라는 말이, 우리가 친밀해졌다는 증거인 것처럼 느껴졌다. 앞으로 우리의 친밀감에는 또 어떤 변화가 생길까. 가능성의 문을 활짝 열어둔다.

- 친밀감의 정도: 별 4.1개 ★★★★☆
- 어색함의 정도: 별 0.9개 ☆

친밀감 그래프

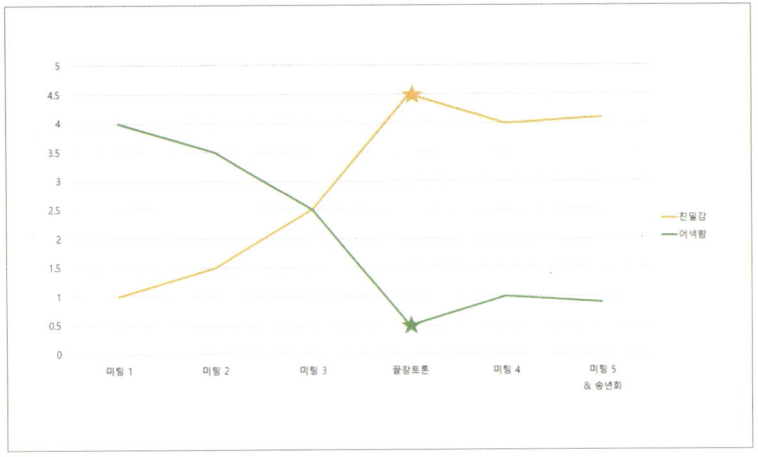

관찰일지는 2022년 송년 모임에서 끝이 났다. 우리는 그 후로도 몇 번의 미팅을 더 거쳤다. 만나는 시간의 간격에 따라 어색함이 줄었다 늘기도 했다. 친밀함은 좀 달라지는 느낌이다. 조금씩 조금씩 쌓여 가고 있다.

부록

친밀감의 구성

1. 친밀감이란 무엇인가?

   → 친함과 친밀감

전제조건은?

   → 성격 : 자아가 중요함
   → 자아를 찾음으로서 관계를 회복함
   → 나의 발견, 자존감

친밀감의 요소

   → 편안함(긴장하지 않고 편함)
   → 있는 그대로의 나를 보여 줄 수 있음
   → 부담 갖지 않기
   → 지나치게 간섭하지 않기
   → 상대에 대한 관심
   → 즐거움, 재미있음, 즐거운 일을 같이함
   → 마음을 나누는 것
   → 안정감
   → 미래에 대한 희망: 관계가 지속될 것이라는 믿음
   → 대화 주제의 자유로움
   → 만족감
   → 일상을 공유하는 것
   → 신뢰감, 존중, 배려
   → 이해받고 있다는 느낌
   → 관계에서의 평등함

2. 친밀감은 누구에게서 느낄까?

> → 가족: 배우자, 언니, 동생(형제자매), 할머니
> ↔ 시어머니
> → 친구 : 이성친구, 동성친구
> → 좋아하는 연예인

3. 언제 친밀감이 생길까?

> → 마주침이 반복될 때
> → 일상을 공유할 때
> → 추억을 공유할 때
> → 시간을 함께 보낼 때
> → 사랑스럽게 바라보는 눈길을 느낄 때
> (눈빛, 어투)
> → 호감을 느낄 때
> → 동질감을 느낄 때
> → 이야기를 잘 들어줄 때
> → 내 이야기를 할 수 있을 때
> (힘든, 어려운 이야기 등) 자기 노출 할 때
> cf) 어디까지 노출 할 것인가?
> → 존중받는다고 느낄 때
> → 공감하는 의사소통을 할 때, 마음을 나눔
> → 정서적으로 지지해주고 긍정적인 말을 할 때
> → 힘들 때 서로 기댈 수 있을 때
> → 책임지는 태도

4. 친밀감의 방해요소는?

> → 역할과 지위
> → 애증의 관계
> → 선을 넘을 때
> → 공감과 조언이 상대방이 원하는 방식과 방향이 아닐 때

5. 친밀감의 속성

> → 서서히 발달한다
> → 시간이 지나면 변한다
> → up&down

6. 친밀감이 발달하기 위한 조건은?

> → 삶에서 필수적 그러나 지속적일 수는 없음
> → 시간과 노력, 에너지가 필요
> → 관계를 위한 노력
> → 처음에는 의식적인 노력이 필요함
> → 상대방의 기준 헤아리기
> → 주는 사람이 기대 줄이기
> → 대화 (다른 가치관에 대한 수용을 위해서, 감정을 이해하기 위해서)
> → 매너 지키기
>   선 넘지 않기
>   건강한 경계
>   절대적으로 의존하지 않기
>   따로 또 같이
> → 감사하기
> → 지지
> → 안부 인사하기
> → 스킨쉽

친밀감의 의미 확장

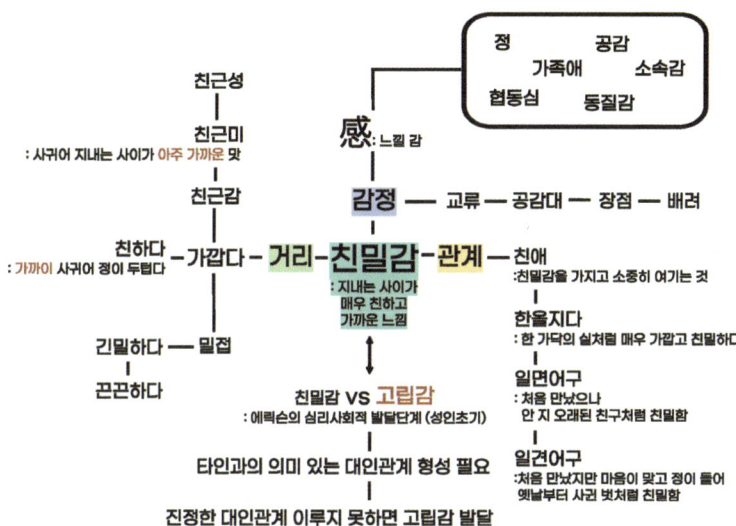

친밀감의 국가별 정의

1. 영어 intimacy: 육체적 친밀감과 감정적 친밀감을 포함한 대인관계를 의미하는 말, 친밀한 관계에서 느끼는 따뜻하고 깊은 감정을 나타내는 단어. closeness, familiarity라는 단어도 사용

2. 독일어 Vertrautheit: 믿는다(vertrauen)는 단어에서 파생된 단어로 친밀, 친숙한 상태를 표현할 때 사용한다. 영어 intimacy를 직역하면 Intimität로 사용될 수 있다. Intimität는 어떤 상황을 표현할 때 사용한다면 그 상황을 주관적으로 느낄 때 Vertrautheit가 사용된다.

3. 중국어 亲(親)密: 사람 간의 정서적인 표현. 亲(親)切: 대상이 사람, 사물 (고향의 산천 초목이 친근하게 느껴진다.)

4. 일본어 しんみつかん親密感 혹은 しんきんかん親近感: 사이가 매우 친하고 가까운 느낌. 친밀감이 들다. 어린아이들은 親密感 외에도 仲よし[なかよし] 라는 단어로 사이가 좋은 사이, 가까운 사이를 의미하는 단어를 사용하기도 한다.

5. 러시아어 близкие дружба, близкие отношения: 가까운 사이나 친구 관계에서 느끼는 따뜻한 감정.

6. 몽골어 дотно мэдрэмж: 친구, 부모, 고향에 대해 느끼는 친근하고 가까운 느낌. Ямар нэгэн юмны талаар мэдэрсэн халуун сэтгэл, хоорондоо дэнд үү дотно ойр мэдрэмж.

주변인터뷰 1 친밀감

초판 1쇄 발행. 2024년 1월 22일

기획
이현숙

편저자
가족생태융복합연구소

인터뷰 총괄
노미화

인터뷰어
황지영, 홍서희, 황지현,
안수빈, 홍경, 정하은,
박초롬, 문해화, 고청훈,
노미화, 이현숙

사진
박수현

편집, 디자인
강희정

자문
정현숙, 송지숙

교열
이현진, 황지영, 안수빈

출판
forward
경기도 김포시 하성면 원산리
573-9
031)998-1050
forwardbook.modoo.at

출판등록
2023년 9월 8일
(제409-2023-000079호)

인쇄
한영문화사

ISBN
979-11-984651-0-8(03810)

가격
18,000원

이 책의 판권은 가족생태융복합연구소와 출판사 forward에 있습니다. 이 책 내용의 전부 또는 일부를 재사용하려면 반드시 양측의 서면동의를 받아야합니다. 잘못된 책은 구입하신 서점에서 교환해드립니다.